THOMAS MULTHAUP

VON EINEM, DER DA IST,
WENN DIE SEELE TRAUER TRÄGT

ZS Sachbuch
Eine Kooperation der ZS Verlag Zabert Sandmann GmbH
und der Elisabeth Sandmann Verlag GmbH.
www.zsdebatten.com

Umschlaggestaltung: bürosüd°, München
Innenlayout: Georg Feigl
Herstellung: Karin Mayer, Peter Karg-Cordes
Lithografie: Christine Rühmer
Druck und Bindung: GGP Media GmbH, Pößneck

1. Auflage 2009
ISBN: 978-3-89883-240-3

THOMAS MULTHAUP

Von einem, der da ist, wenn die Seele Trauer trägt

ZABERT
SANDMANN

Für Annette
Der Wegbegleiterin – der Mutmacherin – meiner Frau!

Vorwort

Das gibt's ja schon wie Sand am Meer ...

Diese Redewendung bezieht sich meist auf etwas, von dem es schon ziemlich viel, ja, oft zu viel, gibt. In meiner eigenen Wahrnehmung gehören Bücher der Sparte Trauerratgeber inzwischen dazu.

Weil also schon viel Kluges zum Thema Trauer geschrieben worden ist, müsste ich nicht noch mehr Kluges oder auch weniger Kluges hinzufügen. So steht auf dem Einband dieses Buches zwar auch das Wort Trauer, doch das Wort Ratgeber findet sich weder an dieser noch an einer anderen Stelle. Dies sehr bewusst, denn ich möchte keinen Trauerratgeber schreiben. Vielmehr möchte ich von meinem Leben erzählen und von der immer größeren Rolle, die das Thema Trauer darin nach und nach zu spielen begonnen hat.

So kann ich im besten Fall von Erfahrungen berichten.

Von der Erfahrung, dass Trauer zwar etwas Schweres ist, aber auch etwas Erleichterndes hat.

Von der Erfahrung, dass man nicht erst dann richtig trauert, wenn man immer nur weint! Davon, dass auch in Zeiten der tiefsten Trauer ein Lachen passend und stimmig sein kann.

Und vor allem möchte ich davon erzählen, wie kostbar Trauer ist: Zunächst für mich selbst, aber auch für die vielen Menschen, die mir mit ihrer Trauer in den letzten Jahren, inzwischen sind es schon Jahrzehnte, begegnet sind.

Damit steckt in diesem Buch auch ein Stück Ermutigung. Ermutigung für die, die sich Trauer selber nicht gestatten oder – was noch schlimmer ist – denen Trauer nicht gestattet wird. Das finde ich ganz furchtbar, denn diesen Menschen wird damit verboten, ihr Leben in Gänze zu leben.

In meiner Wahrnehmung ist ein Leben ohne Trauer kein ganzes Leben, sondern bleibt Stückwerk und Fragment.

Wenn ich ein paar von den Menschen, die ihr Leben als zerfasert und eigenartig emotionslos empfinden, weil Trauer darin keinen Platz haben darf, den Mut machen kann, sich dieses Gefühl zuzutrauen und zu gönnen, dann hat es sich gelohnt, die folgenden Seiten mit meinen Gedanken und Erfahrungen gefüllt zu haben.

In diesem Sinne wünsche ich Ihnen, meinen Leserinnen und Lesern, eine Mut machende Lektüre!

Keiner sucht sich seine Gaben selbst aus

Es muss so etwa im Jahr 1970 gewesen sein. Meiner ersten Schulhofliebe ging es an diesem Tag ganz offensichtlich schlecht. So schlecht, dass sie ihren Schulranzen nicht nach Hause tragen konnte. Und so nahm ich zusätzlich zu meinem den ihren noch dazu, vorne auf meine Erstklässlerbrust. Tapfer trug ich ihn den ganzen Nachhauseweg, der zwar nicht furchtbar weit war, aber bergan führte und mir als knapp Siebenjährigem doch ziemlich lang wurde. Angekommen an der Wohnungstür der Freundin stellte ich ihre Tasche ab. Da drehte sie sich freundlich lächelnd und überhaupt nicht mehr leidend zu mir um und erklärte: »Mir ging es gar nicht schlecht, ich hatte nur keine Lust, den Schulranzen zu tragen!« Ich glaube, dass ich, zu Hause angekommen, ziemlich geweint habe.

Auf diese letztlich unbedeutende Episode aus meiner Kindheit kann ich auch heute noch aus zwei Blickwinkeln schauen. Der erste Blickwinkel könnte unter dem Motto »Ich wurde ausgenutzt« stehen. Klar, ich bin ausgenutzt worden – damals vermutlich bereits nicht mehr zum ersten Mal. Und natürlich auch nicht zum letzten Mal. Doch der andere Blickwinkel ist für mich der wichtigere und typischere. Ich ließ mich von ihrem Unwohlsein anrühren, wollte Unterstützung geben, für sie da sein.

Die Fähigkeit allerdings, echte von gespielter Hilfsbedürftigkeit zu unterscheiden, besaß ich damals offensichtlich noch nicht. Dafür brauchte ich noch einige Jahre. Deshalb manifestierte sich bei mir und auch in der Wahrnehmung meiner Eltern ganz klar der erste Blickwinkel. Diese hofften, dass auch ich aus erlittenem Schaden bald klug werden würde.

Doch ich geriet immer wieder in vergleichbare Situationen. Und noch ziemlich häufig flossen deswegen Tränen. Bald empfand ich mich deswegen als seltsam, anders, später dann als unmännlich. Denn: Wie blöd ist man, wenn man sich immer wieder ausnutzen lässt? Diese Frage stellte sich mir immer dringlicher, denn mit zunehmendem Alter blieb es natürlich nicht bei einem Schulranzen, den ich im übertragenen Sinne auf mich nahm. Am Gymnasium Schulaufgaben abschreiben zu lassen, mit denen sich kurz darauf im Unterricht ein cleverer, notenmäßig allerdings unterdurchschnittlicher Mitschüler vor dem überraschten Lehrer brüstete, zeigte mir, dass mit einem Mehr an Wissen bei mir nicht zwangsläufig ein Zugewinn an Unterscheidungsgabe einherging. Als ich diese Haltung auch während der Pubertät nicht ablegen konnte, begann ich mich deswegen fast zu hassen. Dass es sich »nur« um das »Feintuning« meines Mitgefühls handelte, kapierte ich noch nicht. Ich fand es einfach doof, so zu sein, wie ich war; uncool oder peinlich, so würde dieses Empfinden wohl heute genannt ...

Hätte mir damals irgendjemand gesagt, dass darin meine Kernkompetenz verborgen läge, hätte ich denjenigen wohl mindestens für verrückt erklärt. Es hat viel Zeit und Mut zur Eigenartigkeit gebraucht, bis ich erkennen konnte, dass mir damit die Gabe der Empathie und des Mitfühlens anvertraut worden war. Hätte ich vor meiner Geburt eine Wahlmöglichkeit gehabt, hätte ich mir vermutlich andere Talente herausgesucht. Aber ich habe eben diese bekommen.

In diesen heiligen Hallen

In der Rückschau auf meine Kindheit habe ich heute den Eindruck, dass meine Seele eine ziemlich clevere Strategie entwickelt hat, um mit diesen Gaben nicht nur nicht unterzugehen, sondern sie tief in mir zu verankern. In dieser Verankerung blieben sie, bis ich sie irgendwann als etwas sehr Positives wahrnehmen konnte und gebrauchen wollte. Teil dieser Strategie, vielleicht sollte ich richtiger von einem Hilfsmittel sprechen, war die Musik der »Zauberflöte«. Diese Mozartoper habe ich schon als Sechsjähriger rauf und runter gehört; immer dann mit besonderer Hingabe, wenn ich wieder einmal ausgenutzt worden war.

Ein altertümlicher Schallplattenspieler, ein mindestens ebenso altes Radio, das als Verstärker diente, und schließlich eine Buchclub-Ausgabe der »Zauberflöte« waren meine Vehikel, um dem Schmerz zu entfliehen. Noch jetzt beim Schreiben kann ich die Entspannung und die Ruhe ihn mir spüren, die diese Musik in mir bewirkt hat. Zwar war die Musikauswahl bei uns daheim sowieso eher klassiklastig, doch hätte ich genauso gut auf die Jazzschallplatten, die mein Vater in früheren Jahren gekauft hatte, zugreifen können. Aber ich wollte »Die Zauberflöte«. Im Lauf der Zeit lernte ich viele der Texte durchs Zuhören auswendig, begann mitzudirigieren und mitzusingen. Dies versuchte ich natürlich mit Inbrunst bei meiner Lieblingsarie: »In diesen heiligen Hallen kennt man die Rache nicht.« Das hat damals sicher lustig geklungen, als ich mit meinem Kindersopran versucht habe, in die Basstiefen der Aufnahme mit einzustimmen. Wenn ich es brauchte, dann konnte ich dieses eine Stück stundenlang hören, immer und immer wieder. Zimmerlautstärke empfand ich schon damals als einen sehr dehnbaren Begriff, sodass die Musik oft nicht nur das Kinderzimmer, sondern mehr oder weniger mein ganzes Elternhaus erfüllte. Es passierte sehr selten, dass meine Mutter dann einschritt. Allenfalls bat sie hin und wieder darum, etwas leiser zu sein. Sie hat niemals gefragt, warum denn immer dasselbe Stück und warum immer die Zauberflöte. Intuitiv mag sie gespürt haben, dass ich diese märchenhafte Musik irgendwie brauchte.

Durch ein Weihnachtsgeschenk, das ich mir sehr intensiv vom Christkind gewünscht hatte, bekam die Musik für mich eine wunderbare Ergänzung. Es handelte sich um eine Ritterburg, deren Turm in der Mitte abnehmbar war, darunter kam eine Art Schatzkammer zum Vorschein. Jetzt war ich nicht nur in der Lage, meine »heilige Halle« zu hören und sie zu besingen, sondern ich besaß auch eine. Meine Schätze, aber auch meine Geheimnisse und mein Schmerz fanden in dieser Turmschatzkammer einen sicheren Ort.

Wenn ich nach so vielen Jahren daran denke, dann bin ich immer noch fasziniert von diesem intuitiven Ausstieg aus der vermeintlich bösen Welt in einen geschützten Raum, an dem es mir sofort besser ging. Diese Intuition, davon bin ich überzeugt, trägt, natürlich in jeweils anderer Form, jeder Mensch in sich.

Und ich musste nicht gerade selten in meine »heilige Halle«: Da gab es den Vogel mit dem verletzten Beinchen, den keines der anderen Nachbarskinder mit einem Regenwurm füttern wollte. Ich war als kleiner Steppke derjenige, dem eine alte Nachbarin anvertraute, wie schwer sie es im Leben habe. Und nicht zuletzt war da das immer bewusstere Miterleben der Behinderung meines Bruders, die ihn unverschuldet immer wieder zum Außenseiter in der Kinderschar machte, zu der wir gehörten. All dessen nahm ich mich vollkommen unreflektiert an, aber vieles davon forderte mich bis an meine Grenzen und über sie hinaus. So war ich manchmal dankbar für einen verregneten Ferientag, denn dann konnte ich mich, ohne begründen zu müssen, warum ich nicht nach draußen zum Spielen wollte, meinen »heiligen Hallen« hingeben.

Das sollte jetzt allerdings nicht nach dem Beginn einer Heiligenlegende klingen, denn in vielen anderen Hinsichten war ich ein Kind mit ganz normalen schlechten Eigenschaften: Ich log, wenn auch selten geschickt, erkannte bisweilen einen gewissen Reiz in der Schwäche meines Bruders, die ich zu meinen Gunsten zu nutzen wusste, und benötigte für all das und vieles mehr wahrlich keine »heilige Halle« ...

Jungs, die trösten, sind Nulpen

Immer offen dafür zu sein, wenn es einem anderen nicht gut geht, sich jederzeit dazuzusetzen und zu versuchen, aufrichtigen Trost zu spenden, das empfinden nicht wenige Menschen als klassische Indizien eines Helfersyndroms.

So habe ich mich selbst nie wahrgenommen und tue das auch heute nicht. Das zu tun, was man wirklich gut kann und daran festzuhalten, ist in meinen Augen richtig und sinnvoll, und auch in diesem Fall beileibe nicht automatisch zwanghaft oder krank.

Leider konnte ich allerdings mit meinen Fähigkeiten und Talenten im Alter zwischen zehn und 15 Jahren nicht gerade eine persönliche Erfolgsstory schreiben. Irgendwie war es für meine Mitschüler zwar ganz nett, mich an der Seite zu haben, denn meine Schulhausaufgaben waren immer ordentlich gemacht und deshalb, bis auf die in Mathematik, zum Abschreiben gut geeignet. Doch als richtiger Freund taugte ich irgendwie nicht. Und als es dann darum ging, ein Mädchen zu finden, das »mit mir gehen wollte«, hatte ich wirklich keine Chance. Es waren die in meinen Augen coolen, aber auch eher rücksichtslosen Typen, bei denen die Mädchen scharenweise anstanden. Erfolglos bei meinen Anstrengungen in diese Richtung blieb ich sogar dann, als ich in den Reihen der Mädchen suchte, die bei meinen coolen Mitbewerbern nicht hatten landen können.

So begann ich die zu bewundern, die ganz offen auf dem Schulweg rauchten, sich damit brüsteten, dass sie natürlich nicht für die Klassenarbeiten gelernt hätten und ansagten, wem sie im Schulkeller die Luft aus dem Fahrradreifen lassen würden. Ich hielt mich damals für einen Feigling, was ich teilweise vielleicht sogar war. In den Augen meiner von mir bewunderten Mitschüler war ich eine Nulpe. Ein Ruhrgebietswort, für das man heute wohl das Synonym »Loser« verwenden würde. Doch einen Entschluss, mich von meiner weichen Art zu verabschieden, wollte ich nicht fassen. Nein, ich war sogar dann da, wenn irgendeines dieser Mädchen von ihrem Freund abserviert worden war und völlig aufgelöst glaubte, dass ihre persönliche Welt nun vor dem Untergang stünde. Auch wenn ich wusste, dass ich nicht ihr nächster Auserwählter sein würde, tat es mir gut, wenn sie am Ende einer Schulpause oder des Nachhauseweges nicht mehr weinte und ich vielleicht sogar einmal ein »Danke« erntete. Das war zwar nicht genau das, was ich mir im tiefsten Innern gewünscht hatte, aber immerhin besser als gar nichts. Darauf, dass ich mich damit in den Augen der »richtigen Männer« noch mehr disqualifizierte, kam ich lange Zeit überhaupt nicht.

Irgendwann begann ich mich zu fragen, ob ich wirklich normal sei. Nein, so meine damalige klare Erkenntnis, ich war es nicht. Und so blieb mir wohl nichts anderes übrig, als einen unnormalen, aber meinen Weg zu betreten und zu gehen.

Was ich damals noch nicht erkennen konnte, war Folgendes: Die Wege, auf denen wir heute gehen und die unser Leben gestalten, sind diejenigen, die die Erfahrungen unseres Gestern vorgezeichnet und gewiesen haben. Das kann ich bei den Menschen, die ich begleiten darf, und den Problemen, die sie haben, sehr schnell feststellen – bei mir selbst habe ich dafür ein beachtliches Stück Lebenszeit gebraucht. Doch heute bestätigt der Blick auf meine bisherigen Pfade diese Verbindung meines Lebensgesterns mit dem Heute. Zwar würde ich mir selbst heute wünschen, auf manchen von ihnen nicht unterwegs gewesen zu sein – dennoch möchte ich von einigen berichten.

Kirchliche Jugendbewegung

Da ich aus einer Familie stamme, die ihren katholischen Glauben aktiv lebte, war Kirche für mich eine Selbstverständlichkeit. Und so begann ich meine »kirchliche Karriere« als Messdiener. Dieser Dienst war in meiner dama-ligen Heimatgemeinde nahezu sportlich geregelt: Am Ende eines Jahres gab es für die Eifrigsten in der Truppe Preise. Ich sehe mich noch mit meinem ersten Preis nach Hause gehen, einer Luftmatratze. So stolz war ich darauf, dass sie für mich eine ganze Zeit lang zum Bettersatz wurde. Auch Maiandachten und Oktoberrosenkränze (das sind liturgische Feiern, die mir später als Pfarrer viel theologisches Kopfzerbrechen bereiteten) entsprachen für mich im Alter von elf Jahren vor allem einem Punkt im Ministrantenalltag. Deshalb war ich selbstverständlich dabei und wie jeder gute Ministrant dazu bereit, bei Bedarf mithilfe des Weihrauchfasses einen ganzen Kirchenraum zu vernebeln. Aus heutiger Sicht ist mir natürlich klar, dass ich eine reale »heilige Halle« gefunden hatte!

Während diese Halle nur bei relativ wenigen meiner Altersgenossen wirklich Ansehen genoss, gewann ich an Ansehen beim Küster, dann beim Kaplan und schließlich beim Pfarrer selbst. Irgendwann lud er mich ein, Mitglied einer kirchlichen Jugendbewegung zu werden, die er für gut hielt. Ich war regelrecht begeistert und setzte alles daran, dort nicht nur aufgenommen zu werden, sondern auch möglichst bald die höheren Weihen zu erhalten. Der Ausdruck höhere Weihe trifft die Sache in der Tat genau: Mitglieder der Organisation durften nach Beurteilungen durch den jeweiligen Gruppenleiter und den zuständigen Priester vor einem Marienbild ein Versprechen ablegen. Inhalt dieses Versprechens war tatsächlich, ein »servus Mariae«, ein Sklave Mariens, zu werden. Dazu gehörte das Bemühen, ein Leben zu führen, das sich an dieser Heiligsten aller Heiligen orientieren sollte: gehorsam, keusch, missionierend und demütig ... Begleitet wurde der Einverleibungsprozess in diese kirchliche Gruppierung durch weitere Bindungsmaßnahmen wie die Anleitung zum regelmäßigen, also vierwöchentlichen, Beichten und den guten Rat, richtiger sollte ich es wohl Gebot nennen, sich keine Freundin zuzulegen. (Wie wirksam oder unwirksam diese Gebote waren, wird nicht nur an der Tatsache deutlich, dass ich heute kein Priester mehr bin, sondern dass mein damaliger Gruppenleiter, der ein glühender Marienverehrer war, nur wenige Jahre nach seiner Priesterweihe seine jetzige Frau noch mehr zu lieben lernte als Maria.)

Der Zeitrahmen, von dem ich hier spreche, sind die späten 1970er-Jahre. Heute denke ich nur: Wahnsinn!

Als mir schließlich mein Vater, der ein wirklich frommer, aber niemals bigotter Mensch war und der diese Gebote mit zunehmender Skepsis betrachtete, eines Tages diese Gemeinschaft verbot, verstand ich Gott und die Welt nicht mehr.

Ich hätte ihm schon damals dankbar dafür sein sollen, konnte es aber nicht.

Humanistisches Gymnasium

Dafür bekam ich nun mehr oder weniger überraschend eine neue »heilige Halle«, und zwar in Form einer anderen Schule. Nachdem ich die ersten sechs gymnasialen Jahre auf einer Schule verbracht hatte, die innerhalb kurzer Zeit aus dem Boden gestampft worden war, um die geburtenstarken Jahrgänge um 1960 mit Wissen auszurüsten, durfte ich zur Kollegstufe auf ein altsprachlich-humanistisches Gymnasium wechseln. Dieser Schulwechsel wurde für mich in mehrfacher Hinsicht auch zu einem Paradigmenwechsel. Waren mir vorher Klassenstärken mit über 30 Mitschülern selbstverständlich, so fand ich mich auf einmal in Kursen wieder, in denen wir nicht einmal 20 waren. Mit meinen Lieblingsfächern Latein, Religion, Deutsch und Geschichte war ich hier auf einmal an der richtigen Adresse, während ich vorher so etwas wie ein Exot gewesen war. Und die unangenehme Frage, warum ich denn mit keinem Mädchen (bzw. handelte es sich ja jetzt schon um junge Damen) zusammen war, brauchte ich mir nicht mehr zu stellen: Auf dieser Schule gab's nur Jungs. Das war zwar nicht das Paradies auf Erden, hielt aber viele Fragen und Probleme automatisch auf Distanz.

Ich habe diesen Teil meiner Schulzeit sehr genossen. Zwar war auch hier nicht alles Gold, was glänzte, aber sowohl mit meinen Fragen, als auch mit dem, was mich als Mensch auszeichnete, hatte ich zum ersten Mal außerhalb meiner Familie den Eindruck, auf Verständnis und sogar Wertschätzung zu stoßen. Zwei meiner Lehrer sind mir besonders in Erinnerung geblieben. Da ist zunächst mein Religionslehrer. Er wäre beinahe Priester geworden, hatte sich aber kurz vor der Priesterweihe anders entschieden. Ich fand es großartig, dass er nicht einfach den Lehrplan abarbeitete, sondern Zusammenhänge zwischen Religion, Philosophie und dem daraus resultierenden ethischen Handeln erklärte und nachvollziehbar machte. Er war einer der Ersten, mit dem ich damals meinen Wunsch besprach, Priester zu werden. Da er ein kluger Kopf war, riet er mit Bedacht: Grundsätzlich könne er sich das als einen Weg für mich vorstellen. Im nächsten Atemzug gab er mir den klaren Hinweis, dass auch die Bewohner eines Priesterseminars nur Menschen seien. Was er mir damit sagen wollte, erkannte ich erst einige Jahre später. Naiv, wie ich war, dachte ich, er habe wohl einfach vor vielen Jahren eine schlechte Erfahrung gemacht.

Die andere Erinnerung verbinde ich mit meiner Musiklehrerin. Sie hatte es damals bei uns Oberstufenschülern nicht gerade leicht. Wenn ich es richtig im Gedächtnis habe, auch im Kollegium nicht. Der Grund dafür war mir damals schon klar: Sie war einfach zu gut. Ihr Aufgabenfeld war niemals die Schule, sondern die Universität, wohin sie dann ihr weiterer beruflicher Weg auch führte. Ich weiß, dass ich damals Bauklötze staunte, als wir plötzlich Kompositionstheorie durchnahmen und ich feststellte, dass man auch Musik und nicht nur Gedichte wissenschaftlich interpretieren konnte. Aber deshalb ist sie mir nicht in Erinnerung geblieben. Richtig gut fand ich damals, dass sie von ihrer Sache, also der Musik, absolut überzeugt war. So stellte sie sich mit all dem, was sie konnte, in den Dienst der Musik. Sie unterrichtete mit Leidenschaft und kämpfte für ihr Fach und sein Ansehen an unserer Schule. Mir persönlich tat sie deshalb gut, weil sie mich immer wieder ermutigte, mir etwas zuzutrauen, etwas Neues zu probieren. Auch sie bat ich damals um ihre Meinung zu meinem Berufswunsch. Sie war Protestantin. In ihrer Einstellung zum römisch-katholischen Priesterverständnis war sie eindeutiger als mein Religionslehrer und riet mir ab. Dies deshalb, weil sie glaubte, dass ich mit dieser Berufswahl unglücklich werden könnte. Sie erkannte wohl, dass ich eigentlich mehr als einen Beruf suchte: In meiner Vorstellung war der Kirchendienst der Himmel auf Erden, ein Leben totaler Geborgenheit innerhalb einer Gemeinschaft von Menschen, die sich aus lauter Liebe zu Gott als Heilige erwiesen. Ihre Befürchtung, dass dies nur in einer großen Enttäuschung enden könne, bewahrheitete sich schmerzhaft.

Sie fand stattdessen ein Medizinstudium für mich passend. Aber das konnte ich mir wiederum so gar nicht vorstellen, und zwar aus einer ganz praktischen Überlegung heraus: Nicht wenige meiner Mitschüler kamen aus Arztfamilien, und für sie war es klar, dass sie nach erfolgreichem Medizinstudium die elterliche Praxis würden weiterführen können. Als Sohn eines normalen kaufmännischen Angestellten schätzte ich meine Zukunftschancen im Vergleich zu ihnen als sehr gering ein. Irgendwie spürte ich zwar, dass dieser Vorschlag in die richtige Richtung wies, aber dennoch nicht das Richtige war.

Langsam rückte nun das Abitur in Sichtweite, und ich hatte noch immer keinen genauen Plan, wohin ich beruflich und menschlich aufbrechen sollte. Und so fasste ich einen Entschluss, der mir Entscheidungsaufschub bringen würde: Ich meldete mich für zwei Jahre zum freiwilligen Dienst bei der Bundesmarine.

Bundeswehr

Viele Entwicklungsschritte im Leben eines Menschen entwickeln sich logisch und stimmig aus seiner Vergangenheit heraus. Aber es gibt auch Phasen, die eine Art Bruch, zumindest aber eine Unterbrechung des vertrauten Lebensweges markieren. Das sind die Umwege in unserem Leben, die wir im Nachhinein oft als vertane Zeit betrachten.

Ich schaue auf solche Zeiten aus einer ganz anderen Perspektive zurück. Selbst, wenn sich ein Weg, den man gegangen ist, als Umweg herausstellt, kann er dennoch zum Ziel führen. »Umwege erhöhen die Ortskenntnis!«, das ist das Credo eines Bekannten von mir, der Chefarzt an einer psychosomatischen Klinik ist. Das klingt lustig, trifft aber auch des Pudels Kern. Das Leben ist eben keine

Wegstrecke, die von einem Navigationssystem berechnet und unter Berücksichtigung von Distanz und Effizienz zurückgelegt wird. Auf der Autobahn findet man selten Sehenswürdigkeiten, wohl aber, wenn man die Landstraße nimmt. Wer Umwege in seinem Leben einmal so betrachtet, kann entdecken, dass er wichtige Erfahrungen genau in jenen Zeiten gemacht hat, als es anders kam, als geplant. Während man auf diesen Umwegen geht, dominiert natürlich eine andere Wahrnehmung: Man spürt den Energie- und Zeitverlust, sieht, dass beispielsweise der Mitabiturient mit klaren Entscheidungen an einem vorüberzieht, Zweifel an eigenen Kompetenzen und Talenten melden sich im Unterbewusstsein. Doch im Nachhinein erweisen sich viele Umwege als eine Art Warteschleife, in der man eine Zeit lang verweilen muss, um dann auch wieder Kraft für den eigentlichen Weg zu haben.

Eine solcher Umweg war für mich meine Bundeswehrzeit. Meine Entscheidung, diesen Weg zu gehen, war letztlich von drei Motiven geprägt. Da war zunächst der finanzielle Aspekt. Als Soldat auf Zeit bekam ich damals mehr als das Dreifache eines normalen Wehrsoldes. Für mich, der ich bis dato Taschengeldempfänger mit ein paar Mark Nebenverdienst durch Nachhilfe gewesen war, war das richtig viel Geld. Einen Teil dieses Geldes wollte ich monatlich zurücklegen, um mein Studium mitzufinanzieren. Mit einem Einsatzort bei der Marine war ich ein ganzes Stück weg von meinem Elternhaus. Ich war nie ein rebellischer Typ und hatte meinen Eltern wenig pubertären Ärger bereitet. Aber jetzt war es an der Zeit, das merkte ich ganz genau, etwas Distanz zwischen sie und meinen Bruder auf der einen Seite und mich auf der anderen zu bringen. Das dritte Motiv habe ich erst in der Retrospektive wirklich erkannt: Ich wollte auf keinen Fall sofort ins

Priesterseminar, wollte auf keinen Fall aus einer behüteten Situation in die nächste. Oder um noch einmal das Bild von der »heiligen Halle« zu bemühen: Eine solche nahtlose Aneinanderreihung derselben wäre mir dann doch etwas zu viel gewesen.

Drei Tage, nachdem ich mein Abiturzeugnis erhalten hatte, brachte mich der Zug nach Eckernförde, wo meine Grundausbildung begann. Ich machte die Erfahrungen, die sicher ganz viele bei der Bundeswehr machen. In der Summe war nichts Spektakuläres dabei. So genoss ich die Freiheiten, die mir der ungewohnte Geldsegen bescherte, konnte in der mir übertragenen Aufgabe durchaus Sinn erkennen und begann nach einer gewissen Zeit, mich auf die Wochenenden zu Hause zu freuen. Als ich dann mit der »Verdienstmedaille der Bundeswehr für hervorragende Erfüllung der Soldatenpflichten« ausgezeichnet wurde, überlegte ich eine ganze Zeit ernsthaft, auf Dauer bei dieser Truppe einzusteigen. Vielleicht war es ein Glück, dass ich bei dem Eignungstest für die Offiziersanwärter patzte: Ich war damals einfach zu übergewichtig, um mich an einem Tau emporzuhangeln. Und damit bin ich bei den Dingen angelangt, die ich aus dieser Zeit mitgenommen habe. Zum Beispiel die Erfahrung, dass sogar ich durch eine Prüfung fallen konnte – in Verbindung mit der Erkenntnis, dass es gar nicht verkehrt ist, nicht nur seinen Kopf, sondern auch seinen Körper fit zu halten.

In diesen zwei Jahren konnten meine besonderen Gaben, das Mitgefühl und die Fähigkeit zum Trost, eine Auszeit nehmen. Niemand brauchte sie, und irgendwie hatte ich nicht das Bedürfnis, mich damit zu outen. Vielleicht ist das der Grund, warum ich im Großen und Ganzen positive Erinnerungen an meine Bundeswehr-Warteschleife habe. Als dann aber endlich die Maßbandzeit begann, also die Zeit, in der jeden Tag ein Zentimeter von einem Halsband abgeschnitten wird, um sehen und jedem ungefragt signalisieren zu können, wann der Entlassungstag ist, war ich irgendwie auch froh darüber.

Etwa zur gleichen Zeit beschloss ich, mich zu einem Vorstellungsgespräch im Priesterseminar anzumelden.

Priesterseminar

Mitte der 1980er-Jahre war es bereits etwas Besonderes, ins Priesterseminar einzutreten. Und dies sogar in doppelter Hinsicht: Zwar war auch damals bereits der Prozess der Entkirchlichung in der Gesellschaft im vollen Gang, wenn auch nicht mit der Dynamik, die er in den letzten 15 Jahren gewonnen hat. Aber mit einem solchen Entschluss, der sich in einer Pfarrgemeinde meist lauffeuerartig herumsprach, war man schon ein wenig mehr als ein normalsterblicher Durchschnittschrist. Zumindest wurde ich auf einmal so behandelt. Die Haushälterin des Pfarrers grüßte freundlicher als bisher, und damit war sie nicht die Einzige. Zum anderen – diese Münze schien zwei Vorderseiten zu haben – waren wir Neuseminaristen Hoffnungsträger. Hoffnungsträger, dass es auch in schwieriger Zeit immer noch genügend Berufene geben würde, um die Kirche in die Zukunft zu führen.

Ich hatte ja zwischen Schule und Priesterseminar wenigstens Grundkenntnisse im normalen (Arbeits-)Leben erworben, indem ich bei der Bundeswehr gewesen war. Daher hätte ich aus dieser Erfahrung heraus wissen können, dass es bei dieser plötzlichen Wertschätzung eher um den sich aus »Uniform« und »Dienstgrad« (jetzt also »dunkler Anzug« und »stud. theol.«) selbst ergebenden

Respekt, als um persönliche Anerkennung für den Menschen Thomas Multhaup ging. Trotzdem genoss ich die neue Rolle in ihrer Vorteilsbandbreite sofort. Die meisten derjenigen, die mit mir ins Priesterseminar eintraten, kamen unmittelbar von der Schulbank. Für manche von ihnen schien sich wirklich schlagartig das Paradies auf Erden eingestellt zu haben. Warum? Ganz einfach: Für einen Seminaristen war damals das Wort Mensa im Normalfall ein Fremdwort. »Für das leibliche Wohl wird bestens gesorgt.« – dieser Satz, mit dem heutzutage Vereine zu ihren Feierlichkeiten einladen, war unsere tägliche Wirklichkeit. Die Küche leitete damals eine Nonne, die es als große Ehre empfand, für die angehenden Priester des Bistums zu kochen. Ungelogen: Dreigängige Mittagsmenüs waren Standard, abends wiederum warme Küche. Wie weit wir damit vom richtigen Leben weg waren, erfuhren wir, wenn wir mit den sogenannten Laientheologen zusammenkamen. Das waren diejenigen Studenten, die zwar mit uns Theologie studierten, aber nicht die Vorzüge des Priesterseminars in Anspruch nehmen konnten – entweder weil sie als Frauen nicht Priester(innen) werden durften oder als Männer nicht Priester werden wollten. Zu diesen Vorzügen gehörte neben der exzellenten Verpflegung außerdem ein Trupp Reinigungspersonal, der das Haus von oben bis unten in Schuss hielt. Und ein weiterer schöner Aspekt, der vermutlich zur Grundidee solcher Bildungshäuser gehört, war der, mit lauter Gleichgesinnten unter einem Dach zu wohnen. Die schwierigen, oft enervierenden und Selbstzweifel weckenden Auseinandersetzungen aus der Schulzeit gab es hier nicht. Klar, nicht jeder vertrat die gleichen theologischen Ansichten, aber der Grundkonsens war enorm: Alle studierten Theologie und wollten gegen den spirituellen Mainstream Priester werden. Das hatte zunächst etwas überaus Faszinierendes für mich – verlor aber dann schnell an Reiz.

Ich fand vieles zu bequem, zu satt, zu weit weg von der Lebenswirklichkeit der Menschen. So begann ich, mir einige Freiheiten in diesem System zu nehmen: Ich hörte an der Universität nicht nur die vorgeschriebenen katholischen Vorlesungen, sondern saß auch bei den evangelischen Theologen mit dabei. Den akademischen Betrieb genoss ich ohnehin in vollen Zügen: Je kritischer ein Theologieprofessor dozierte, desto sicherer konnte er sich meiner Anhängerschaft sein. Ohne in den ersten Semestern allzu viel von der Beziehung zwischen Jesus damals und Kirche heute verstanden zu haben, war ich hin und her gerissen zwischen dem spätbarocken Glanz, den diese Institution teilweise bis ins ausgehende 20. Jahrhundert warf, und der Kargheit ihres Ursprungs. Dass es klug und vor allem richtig gewesen wäre, an der eigenen Position klarer zu arbeiten, das wusste ich schon damals. Doch mir fehlte der Mut zur Selbstvertreibung aus dem Paradies »Priesterseminar«. Was würden meine Eltern, mein Pfarrer (und seine Haushälterin) dann über mich denken? Und: Welche Alternative hätte ich?

Zu den Kennzeichen meines Durchschlängelweges gehörte auch meine Auswahl bei der Inanspruchnahme der Vollverpflegung. Ich hatte in der Zwischenzeit etliche Kilos abgespeckt und war zum ersten Mal in meinem Leben schlank. So beschloss ich, nur noch dann an den Gemeinschaftsmahlzeiten teilzunehmen, wenn ich Lust dazu hatte.

Das führte dazu, dass ich im Seminar nur noch die Hälfte des Hausgeschehens mitbekam, weil die wichtigsten Infos immer zwischen Hauptgericht und Nachspeise vermeldet wurden.

Irgendwann wurde ich zum Gespräch mit dem Direktor gebeten. Das wichtigste Wort in diesem Gespräch hieß »Kommunität«. Gemeinschaft, das hatte ich auch schon vorher kapiert, bekam es aber jetzt mehrfach explizit gesagt, war die Säule, auf der das ganze Seminarkonzept ruhte. Mit anderen Worten: »Wer nicht Teil dieser Gemeinschaft sein will, der kann auch kein Priester werden.« Ich hätte damals aufstehen, meine Sachen zusammenpacken und gehen sollen, stattdessen muss ich wohl dagesessen haben wie das von der Schlange hypnotisierte Kaninchen. Ich war nicht mutig genug, um zu sagen, dass ich diese erzwungene Gemeinschaft nicht wollte und ich mich darin nicht wohlfühlte. Es war eine Mischung aus Bequemlichkeit, mir kein anderes Studium suchen zu wollen, Angst vor dem Prestigeverlust und dem Gefühl, dass ich mit diesem Studium in Verbindung mit der Spezialausbildung bei der Kirche doch etwas lernen würde, was mir tatsächlich entsprach, die mich bleiben ließ.

Aber auch eine Entscheidung seitens des Direktors wurde vertagt, denn zu einem Theologiestudium gehört das sogenannte Freijahr. In diesen zwei Semestern sollen angehende Priester an einer anderen Universität studieren und gleichzeitig »privat« wohnen. Ich wählte als Ort für mein Freijahr Augsburg aus. Die Stadt kannte ich etwas – und was die Uni anging, wusste ich, dass dort anders, »konservativer« Theologie gelehrt wurde, doch das interessierte mich eher, als dass es mich abschreckte.

Entgegen der freundlichen »Warnungen« meines Seminardirektors aus dem Ruhrgebiet fühlte ich mich an der Universität in Augsburg sehr wohl. Auch dort gab es keine Maulkörbe für Gedanken, und ich fand es geradezu spannend, miterleben zu können, wie sich Theologieprofessoren im akademischen Lehrbetrieb sehr öffentlich »zofften«. Auch die Studenten aus dem Augsburger Seminar waren mir durchaus sympathisch. Je länger dieses Freijahr voranschritt, desto weniger hatte ich das Gefühl, zurückzuwollen.

Die Entscheidung, die ich daraufhin traf, war aber nicht reiflich genug überlegt. Ich beschloss, in Augsburg zu bleiben. Das war der richtige Teil der Entscheidung. Der falsche Teil war, wieder Bewohner eines Priesterseminars zu werden. Außerdem war das gar nicht so einfach. Man brauchte eine offizielle Einwilligung aus dem Heimatbistum, einen mindestens ebenso offiziellen und – da der Empfänger ein Bischof, also eine Exzellenz war – »stilisierten«, also strengen formalen und inhaltlichen Regeln folgenden Antrag auf Erlaubnis zum Eintritt in das andere Bistum samt bischöflicher Befürwortung und Genehmigung. All das hielt ich jedoch schließlich in meinen Händen und war wiederum Priesterseminarist, diesmal in Augsburg.

Einer der wenigen, die das von Anfang an kritisch betrachteten, war der Leiter dieses Seminars, hier nicht »Direktor«, sondern »Regens« genannt. Ihm war es grundsätzlich nicht wohl, wenn Studenten von anderen Bistümern in sein Haus eintraten, galt doch – wie ich finde, völlig zu Unrecht – das Augsburger Seminar damals als Kaderschmiede für konservative und linientreue Neupriester. So schaute er auch mich mit kritischen Blicken an. Seine Fragen und seine manchmal etwas harsche Art nahm ich persönlich, sodass ich den Wert seiner Worte teilweise erst jetzt verstehe. Für manche dieser Worte bin ich ihm heute sehr dankbar. Dazu ein Beispiel: Er sprach einmal davon, dass ein Priester eine Steinbruchmentalität brauche. Ich träumte damals auf der pastoralen Wolke sieben und glaubte selbstverständlich, es besser zu wissen.

Spätestens wenn ich »ausgeweiht« – so hieß ja das erklärte Ziel – sein würde, würde es, davon war ich wirklich überzeugt, zu neuen und tollen Gemeinschaften in der ganzen Kirche kommen. Ich sah es schon vor mir: Dank meines Charismas (und dem meiner Studienkollegen) würde diese Kirche schon zu neuem Leben erwachen. Welche Ahnungslosigkeit und Überheblichkeit war da in mir? Nicht nur in meinen kirchlichen Dienstjahren, sondern auch heute als freier Theologe und Seelsorger empfinde ich mich oft – vor allem, wenn es um die Bereiche Sterben, Tod und Trauer geht – als dieser Steinbrucharbeiter. Wenn ich von einem Hausbesuch bei Eltern komme, die ein Kind verloren haben, oder von Menschen, die die Selbsttötung eines Angehörigen verkraften müssen – das Wort »Selbstmord« gehört meiner Meinung nach aus unserem Wortschatz gestrichen – , dann habe ich bis heute manchmal den Eindruck, in einem emotionalen Steinbruch gewesen zu sein. Zusammen mit den Betroffenen habe ich dort den Schmerz gespürt, bin dageblieben und habe ihn mit ausgehalten. Im besten Fall konnte ich ihn für den nächsten Schritt, beispielsweise die Trauerfeier oder bis zur nächsten Einheit »Trauerbegleitung« in eine aushaltbare Form »klopfen«.

Was ich vor 20 Jahren als furchtbar weltfremde Äußerung eines kirchlichen Skeptikers empfunden habe, das ist heute ein Gedanke, der mir nach einem anstrengenden Steinbruchtag Motivation genug gibt, um auch morgen offen und mit positiver Energie wieder dorthin zu gehen. Es braucht eben oft die eigene Erfahrung, leider oft genug auch die eigene Enttäuschung, bis man den Wert einer solchen Lebensweisheit erkennt. Ich nehme an, dass er damals nicht nur an meinen Gesichtszügen ablesen konnte, was wir Seminaristen von seinen Gedanken hielten: Da war nicht sehr viel Zustimmung dabei. Die meisten von uns glaubten schlicht, es besser zu wissen.

Die Erfahrung in den seelsorglichen Praktika schien das nur zu bestätigen. Meine ersten Schritte in diese Richtung sollte ich im Allgäu gehen. Zwar hatte ich keinen ausgeprägten Ruhrgebiets-Zungenschlag, doch im tiefsten Allgäu war ich spätestens mit der zweiten Silbe, die ich aussprach, als Zugereister oder »Preiß« geoutet. Die Begrifflichkeit mochte ich zwar nicht, aber die Tatsache stimmte natürlich, und ich machte mir leise Sorgen, ob die Fremdheit meiner Aussprache in der Seelsorge zum Problem werden könnte.

Der dortige Pfarrer erkannte schnell, dass ich gerne predigen wollte und dass es mir gar nichts auszumachen schien, Trauergottesdienste und Beerdigungen mitzugestalten. Beides ließ er mich machen. Und siehe da: Die vermeintlich sturen Allgäuer hörten mir gerne zu und fanden den Trost, den ich zu geben versuchte, gar nicht merkwürdig, obwohl er mundartlich anders ausgesprochen wurde.

Das machte mich selbstsicher, auch in meinem Unglauben gegenüber der Vorstellung vom Priesteramt als Steinbrucharbeit. Lieferte ich nicht bereits in diesem Praktikum den Beweis dafür, dass neue, großartige Seelsorgezeiten anbrechen würden, sobald man meine Kollegen und mich auf die Gemeinden loslassen würde? »Neue Besen kehren gut!«, das dachten wir und vergaßen dabei, dass sich auch das neueste Neu irgendwann zum Alltäglichen, Vertrauten, vielleicht sogar Langweiligen wandeln könnte und würde. Doch ohne eine Portion Selbstüberschätzung, die ja Teil dieser gewissen Euphorie des Anfangs ist, tut wohl kaum jemand den einschneidenden Schritt in die Priesterweihe.

»Il buon samaritano« – Johannes Paul I.

Ein Mensch hatte nicht nur mir, sondern vielen Katholiken im Jahr 1978 zusätzlich Mut und Hoffnung für eine weltoffene und menschliche Kirche gemacht: Er war in der katholischen Kirchengeschichte des 20. Jahrhunderts wie eine Neujahrsrakete aufgeleuchtet und leider ebenso schnell verloschen. Mir ist er trotzdem bleibend zum Wegweiser für seelsorgliches Handeln geworden: Johannes Paul I., wenn überhaupt als der »lächelnde« oder auch der »33-Tage-Papst« bekannt.

Albino Luciani, so hieß dieser Papst mit bürgerlichem Namen, stand in meiner Wahrnehmung für ein anderes, ein liebenswürdiges Bild eines Kirchenführers. Als seine Persönlichkeit – wenn auch nur kurz – aufleuchtete, gab sie vielen Menschen Hoffnung, so auch mir. Da war auf einmal ein Mensch wahrzunehmen, der nicht zuerst als der oberste Repräsentant einer Weltkirche und als Staatsoberhaupt auftauchte. Er strahlte, obwohl angekleidet in seinem päpstlichen Weiß, dennoch etwas von der Unmittelbarkeit und Aufrichtigkeit eines echten Seelsorgers aus. Sein plötzlicher Tod, nur 33 Tage, nachdem er zum Papst gewählt worden war, hatte mich als Jugendlichen nachhaltig traurig gemacht.

In den darauffolgenden Jahren habe ich mich intensiv mit ihm beschäftigt. So ist er mir ein ganzes Stück nähergekommen und auch heute, wo mich mein Weg von der Kirche weggeführt hat, nahe geblieben. Irgendwann bin ich auf ein Buch von ihm gestoßen, das den Titel »Das Beispiel des Samariters« trägt. Es handelt sich um eine Sammlung spiritueller Vorträge, die Luciani als junger Bischof vor Priestern gehalten hat. Die Grundlage dieser Vorträge bildet ein Gleichnis, das Jesus seinen Jüngern erzählt haben soll: In Israel wird ein Mann das Opfer von Straßenräubern. Ausgeplündert und zusammengeschlagen lassen sie ihn halb tot am Wegesrand liegen. Jesus berichtet weiter, dass kurz darauf Mitmenschen vorbeikommen, die alle als fromm, in den religiösen Vorschriften kundig und gottesfürchtig charakterisiert werden. Alle lassen den Verletzten unbeachtet links liegen. Erst der Mann aus dem vermeintlich heidnischen Samaria, der Samariter eben, bleibt schließlich stehen und hilft engagiert und großzügig.

Die Versuchung ist natürlich sehr groß, über die Herzlosigkeit und Bigotterie der vermeintlich Frommen herzuziehen. Ebenso groß ist die Versuchung, in diesen Frommen auch die Prälaten und Kirchenfürsten aus zwei Jahrtausenden Kirchengeschichte zu entdecken, die vieles wichtiger genommen haben als die zeitgemäße Umsetzung dessen, was Jesus uns vorgelebt hat.

Mir hat sich bei dieser Geschichte und ihrer Deutung in den Vorträgen von Albino Luciani immer zuerst eine andere Frage gestellt: Hätte ich gehandelt wie der Samariter? Und das ist tatsächlich eine Glaubens- und Gretchenfrage. Ich für meinen Teil kann darauf keine eindeutige Antwort geben. Natürlich: Sähe ich heute auf dem Weg in mein Büro einen blutenden Menschen auf der Straße liegen, würde ich einen Krankenwagen rufen und zumindest mit ihm warten, bis der Notarzt eintrifft. Wenn man die Geschichte aber nicht wörtlich auf die heutige Zeit überträgt, sondern gleichnishaft versteht, sieht die Sache schon anders aus. Zwar versuche ich immer, Not wahrzunehmen und sie nach meinen Möglichkeiten zu lindern, doch ich kenne auch die Gedanken, die einladen, mich nicht von jeder Not betreffen zu lassen. Zum Beispiel: »Es gibt doch viel professionellere Helfer als ich.« Oder: »Ich bin doch schon oft genug in meinem Leben ausgenutzt worden.« Und auch der Gedanke »Ich hab jetzt Wichtigeres zu tun« ist mir nicht fremd. Objektiv stimmt jeder dieser Einwände.

Doch was nützt es dem, der tatsächlich oder im übertragenen Sinn am Straßenrand liegt?

Was nützt es dem Trauernden, der das Gefühl hat, dass ihm der Tod das Wertvollste in seinem Leben genommen hat?

Nichts, gar nichts!

Das Beispiel des Samariters ist schon im Mund Jesu kein frommes Wort gewesen, sondern eine sehr energische Ermutigung, sparsam mit Worten zu sein und stattdessen lieber zu handeln. Ich sehe es als ein Schicksalswort für unsere Zeit. Wegschauen, das eigene Ich immer für das Wichtigste halten und gute Gründe für unterlassene Hilfeleistung zu finden, damit kommen wir nicht weiter. Eventuell hat man mit dieser Einstellung das, was vielerorts Erfolg genannt wird – doch Erfüllung und innere Zufriedenheit bringen solche Wegschau-Entscheidungen nicht. Über lange Zeit hatte ich die Hoffnung, dass gerade meine Kirche hier beispielhaft in ihrem »Anders-Handeln« sei. Diese Hoffnung wollte ich auch selbst ein Stück Wirklichkeit werden lassen. Sie war einer der entscheidenden Gründe, warum ich trotz manches Fragezeichens beschloss, die Priesterweihe zu empfangen.

Priesterweihe und erste Kaplanstelle

Nun ist es ja aber nicht so, dass man einfach zu einem Bischof geht und sagt: »Exzellenz, weihen Sie mich bitte zum Priester.« Bis man endlich zum Priester geweiht werden kann, muss man sein Universitätsstudium als Diplomtheologe bestanden, eine gewisse Anzahl von Semestern im Priesterseminar gewohnt, diverse Praktika absolviert und schließlich die Diakonenweihe empfangen haben. Und ein Arzt muss bestätigen, dass man gesund ist. Das klingt vielleicht merkwürdig, ist es aber nicht. Mit dieser Diagnose soll verhindert werden, dass der Bewerber sich wegen einer körperlichen oder seelischen Einschränkung in diesen Beruf »flüchtet«.

Zumindest damals, als unsere Begutachtung anstand, war diese jedoch bestenfalls oberflächlich – und der uns untersuchende Arzt mit dem Wunsch des Bischofs vertraut, trotz des sich zu dieser Zeit schon abzeichnenden Priestermangels möglichst zahlenstarke Weihejahrgänge vorweisen zu können.

Die größte Hürde stellte in unseren Augen deshalb auch eine andere Untersuchung dar: ein Ungetüm namens Skrutinium. Alljährlich lag etwas Mystisch-Beklemmendes in den Räumen des Priesterseminars, wenn wieder Skrutiniums-Zeit war. Mit Skrutinium ist eine vom Kirchenrecht geforderte Prüfung der Eignung und Würdigkeit für ein geistliches Amt gemeint. Diese Untersuchung hat der Regens, also der Leiter des Priesterseminars, durchzuführen. Alle Jahre wieder verfolgte das ganze Seminar den Ausgang der Skrutinien mit der Neugier von Boulevardreportern mit. Auf der einen Seite stand die innere Beschwichtigung, dass kaum noch jemand abgelehnt würde, der es bis dahin geschafft hatte, auf der anderen Seite die wiederholte Erfahrung, dass jemand dennoch nicht genommen oder für ein ganzes Jahr in ein Pfarreipraktikum geschickt worden war.

Nun waren also wir dran. Allein bis der Termin für die Skrutinien bekannt gegeben wurde, war ich fast täglich am Rande des Nervenzusammenbruchs.

In den Jahren danach habe ich mir häufig die Frage gestellt, ob nicht durch diese Angst sehr viel von der Freiheit verloren gegangen ist, die es für so weitreichende Entscheidungen unbedingt braucht. Und die ganz nebenbei auch das Kirchenrecht fordert.

Als ich aber schließlich vor der Regentie stand, weil meine »Untersuchung« anberaumt war, hatte ich keinen Mut zu einem solchen Gedanken: Wie alle anderen erhoffte und ersehnte ich den ritualisierten Schlusssatz des Gesprächs: »... dann freue ich mich, Sie dem Herrn Bischof als Weihekandidaten vorschlagen zu können.«

Dass dieser Satz am Ende des Gesprächs stand, das weiß ich noch. Doch weitere Inhalte sind mir nicht wirklich in Erinnerung. Nur der Grundtenor schwang sehr lange nach: Die mir bis dato verborgen gebliebene Sorge des Regens, die allen seinen Probanden in gleicher Weise galt, ob unsere Kraft für den Knochenjob Seelsorger wohl dauerhaft ausreichen würde. Darauf lautete meine unausgesprochen gebliebene Antwort: »Na klar!«

So war dann schließlich nach sechs Jahren Studium und seelsorglicher Zusatzausbildung der große Tag der Priesterweihe da: der 24. Juni 1990.

Ich hatte schlecht geschlafen und traf frühmorgens auf dem Seminarflur einen Kurskollegen, dem es offenbar ebenso ging. Wir gehörten beide theologisch zum liberalen Flügel und waren uns auch menschlich nicht unsympathisch. Da noch viel Zeit war, bis das Tagesprogramm mit dem gemeinsamen Frühgebet losging, machten wir einen Spaziergang. Unser Gesprächsthema war dabei nicht: »Heute ist der große Tag!«, sondern: »Wie wäre es, wenn wir jetzt noch sagen würden: Nein, danke!«? Die Zweifel, ob wir wohl die richtigen Leute für den richtigen Job bei der richtigen Firma wären, waren zumindest bei mir selten so groß gewesen wie ausgerechnet am Tag der Priesterweihe. Aber selbst dieser Zweifel wurde von uns beiden eher als Qualitätsmerkmal beurteilt: Während »die anderen« sich einfach so weihen ließen, waren wir die Zweifler, die selbst kurz vor dem Ziel noch in der Lage waren, Für und Wider gegeneinander abzuwägen. Mit dem Ergebnis, dass wir beide zu Beginn des Gottesdienstes schön brav und äußerlich zweifelsfrei in der Reihe der Weihekandidaten standen.

Zwei Stunden später hatten wir Ehelosigkeit und Gehorsam versprochen und waren tatsächlich Priester.

Neben zahlreichen Glückwünschen und einem festlichen Mittagessen hielt dieser Tag ein zweites Highlight bereit: In der nachmittäglichen Andacht gab der Bischof bekannt, wer in welcher Pfarrei als Kaplan, sozusagen als pastoraler Geselle des Pfarrers, eingesetzt werden sollte.

In etwa wussten wir alle, welche Stellen frei wurden und neu zu besetzen waren. Es gab sehr begehrte Stellen: Sie zeichneten sich dadurch aus, dass die Gemeinden eine überschaubare Größe hatten und der Pfarrer im Ruf stand, »nett« und »menschlich« zu sein. Und so gab es natürlich auch die unbeliebten Stellen: große Pfarreien mit strengen und herrischen Chefs. Da ich eher als »Anpacker« galt, war ich Mitfavorit für eine der gefürchtetsten Stellen im ganzen Bistum – und kriegte sie. Bei der Bekanntgabe kamen mir damals die Tränen: Ich kannte Pfarrei und Pfarrer und ahnte, dass es mir dort nicht gut gehen würde. Mitten in der heiligen Handlung schauten mich die Kollegen an: Jeder war wohl froh, dass dieser Kelch an ihm vorübergegangen war.

Der festliche Tag ging weiter, doch ich ahnte, dass ich die Frage des frühen Morgens nur teilweise richtig beantwortet hatte: Mit meiner Entscheidung für die Seelsorge lag ich richtig. Mit meiner Firmenwahl, also der katholischen Kirche, hatte ich die falsche Entscheidung getroffen; das war ein Gefühl, das mit dieser Stellenzuweisung wie eine Lawine losgetreten wurde, die in den nächsten Monaten und Jahren immer schneller ins Tal der Enttäuschung herabdonnerte. Nun war es zu spät: Vermutlich, so meine damalige Befürchtung, für den Rest meines Lebens.

Um das Terrain zu sondieren, rief ich bereits am nächsten Tag bei meinem zukünftigen Chef an und wurde für den übernächsten Tag zum Kaffeetrinken gebeten. Der Empfang war keineswegs unfreundlich, doch sehr schnell kamen wir zum »Eingemachten«: der vielen Arbeit, die in einer solchen Riesenpfarrei selbstverständlich anfallen würde, was Chefsache war und selbstverständlich auch bleiben würde und wie die privat geführten Telefongespräche monatlich abgerechnet würden. Das war alles nachvollziehbar und akzeptabel, doch der Satz des Tages kam dann bei der Verabschiedung. Sein Motivationsmotto, so mein zukünftiger Vorgesetzter, sei: »Nicht getadelt ist genug gelobt.« In seinem schwäbischen Heimatdialekt hörte sich das ein ganz klein wenig freundlicher an, doch nun wusste ich zumindest, worauf ich nicht zu hoffen brauchte: auf Anerkennung. Dieser Ansage blieb der Pfarrer sich in den zwei Jahren, die ich dort Dienst tat, treu. Es gibt Menschen, die damit sehr gut umgehen können – ich gehörte und gehöre nicht zu ihnen. Und das machte diese Jahre für mich sehr schwierig. So lernte ich auf unerwartete Weise Pfarreiarbeit tatsächlich als eine Art Steinbrucharbeit kennen – wobei, und das war das Unerwartete, der Steinbruch das wohlgeordnete und stattliche Jugendstilpfarrhaus war. Meine Unzufriedenheit und später dann meine Not zu artikulieren, das hatte ich noch nicht gelernt. Insofern blicke ich auf diese Zeit ohne Groll und schon gar nicht mit persönlichen Vorwürfen zurück.

Vielmehr ist es eine Zeit der vertanen Chance: Ich vergab die Chance, ein Gespräch einzufordern und so meine Situation deutlich zu machen. Und wie will das Gegenüber sein Verhalten überdenken oder gar verändern, wenn es die Unzufriedenheit des anderen gar nicht erfährt?

Das Gemälde »Der Schrei« von Eduard Munch berührte mich in dieser Zeit sehr. Die bildgewordene Paradoxie, einen Schrei sehen, aber nicht hören zu können, spiegelte mein damaliges Innenleben wider. Allerdings kapierte ich damals noch nicht, dass die meisten Menschen einen Schrei hören müssen, um sich angesprochen oder betroffen zu fühlen.

Eine tiefe Überzeugung und Lebenserfahrung von mir ist, dass es keine schwierige oder negative Situation im Leben gibt, die nicht auch etwas Positives, etwas Wertvolles in sich birgt. So auch diese. Um das Positive erkennen zu können, braucht es aber die Befähigung, aus der Emotionalität der belastenden Situation auszusteigen. Manche Menschen können das ohne Hilfe, die allermeisten jedoch brauchen dazu unterstützende Begleitung. Mit einer guten Begleitung wird es gelingen, von außen nach innen zu schauen, sich selbst zu beobachten. Hätte ich das damals schon gekonnt, hätte ich erkannt, dass es an einer Situation gar nichts ändert, sie immer nur mit ähnlich denkenden Außenstehenden zu besprechen. Mehr als ein »Du tust mir leid!« wird dabei selten herauskommen. Allen Mut zusammenzunehmen, um mit dem Verursacher des Schmerzes in Dialog zu treten, ist zwar auch kein Weg, der garantiert zum Erfolg führen wird, aber er macht den tonlosen Schrei hör- und deshalb für sich selbst und den anderen wahrnehmbar. Gegenüber dem Stummbleiben mindestens ein doppelter Nutzen. Aus diesem Grund ermutige ich Trauernde immer wieder dazu, sich am Grab oder einem Ort, an dem sie sich dem oder der Verstorbenen nahe fühlen, vor diesem deutlich und ungeschminkt auszusprechen, wenn nötig, auch wütend zu sein. Trauer, die tonlos bleibt, weil so vieles zwischen der verstorbenen Person und einem selbst steht, hat für mich etwas Destruktives. Aussprechen bewahrt vor dem Platzen und auch über Verstorbene darf man, wenn es denn die Wahrheit ist, »Schlechtes sagen«.

Sterben, Tod und Trauer – das gehörte zumindest in der ritualisierten Form auch zu den Grunderfahrungen dieser Jahre. Im zweiwöchigen Rhythmus wurden alle Pfarreimitglieder, die im Krankenhaus waren, von einem Hauptamtlichen besucht, alle vier Wochen auf Wunsch die Krankenkommunion zu Menschen gebracht, die nicht mehr an den Gottesdiensten teilnehmen konnten. Das war einerseits vorbildlich. Mein Chef legte sehr großen Wert darauf, dass diese Aufgaben zuverlässig erledigt wurden – und erledigte sie selbst mit penibler Genauigkeit. Ich habe damals erfahren, dass es Menschen gab, die wirklich auf diesen einen monatlichen Kurzbesuch hingelebt haben. Und dass es keinen wirklichen Grund geben konnte, sie warten zu lassen oder gar zu versetzen. Andererseits stellte sich mir hier sehr schnell die Sinnfrage: Wie kann man in zwei Stunden fünfzehn Menschen in einem Krankenhaus wirklich persönlich begegnen? Ging es uns wirklich darum, bei ihnen zu sein, sie ihre Situation schildern zu lassen und ihre Angst mitzutragen? Machten wir nicht eher den gut gemeinten Versuch, Präsenz zu zeigen? Ich habe es leider auch an mir erlebt, wie schnell ich mich an diese Oberflächenpräsenz gewöhnte und sogar glaubte, mehr als andere zu tun, nur weil ich mehr Kranke aufgesucht hatte. Aber nie werde ich das Gesicht einer sterbenden Frau vergessen, die ich kurz vor Weihnachten im

Krankenhaus besuchte. Ihr Mann war bei ihr, ich hatte ihn noch niemals vorher gesehen. Mit einer Offenheit, zu der wohl seine innere Not ihn ermutigte, erzählte er mir, dem einerseits wildfremden, gleichzeitig als »dem Kaplan« aber auch bekannten Menschen, dass die Ärzte eher von Stunden als von Tagen sprachen. In diesem Moment wurde die schlafende Frau wach und war vollkommen klar und ansprechbar. Wir sprachen miteinander, sie schien völlig ohne Angst zu sein. Ich meinerseits spürte, dass der Tod gewissermaßen schon am Bett stand – und ging trotzdem kurz darauf, schließlich war die Besuchsliste abzuarbeiten. Als ich zwei Stunden später zurück ins Pfarrhaus kam, rief der Ehemann dieser Frau an, bedankte sich für meinen lieben Besuch und sagte mir dann, dass seine Frau, wenige Minuten, nachdem ich das Zimmer verlassen hatte, gestorben war.

Ich war wie vom Blitz getroffen und schämte mich, nicht meiner inneren Stimme gefolgt zu sein, sondern die Besuchsliste wie ein Menetekel angesehen zu haben, deren pünktliche Abarbeitung von mir als Dienstpflicht erwartet wurde. Zeit – Zeit für den anderen, gerade für den in Not Befindlichen, kann es in der Seelsorge etwas Wichtigeres geben? Dieser Tag gab die eindeutige Antwort: nein. Keine Besuchsliste, keine Sitzung, von denen es im Pfarreileben unendlich viele gibt, und auch kein Networking, was der eigenen innerkirchlichen Karriere dienen könnte, dürfen eine höhere Priorität haben. Dabei war der Ansatz, den ich hier erlebte, im Grundzug gut: Wer aus dieser Pfarrgemeinde im Krankenhaus lag, der wurde regelmäßig aufgesucht. Das war auch damals schon beileibe keine Selbstverständlichkeit. Aber die richtige Priorisierung, die lernte ich dort nicht. Dass ich diese auch in meinem heutigen Alltag als freier Seelsorger nicht immer ganz hinbekomme, muss ich ehrlich eingestehen. Aber mein Bemühen darum ist sehr groß.

Von dieser Diskrepanz zwischen Anspruch und Wirklichkeit waren auch andere seelsorgliche Tätigkeitsfelder betroffen. In einer großen Pfarrei wie dieser gab es damals etwa 130 Sterbefälle im Jahr. Trauergottesdienste zu halten und die Begräbnisfeier auf den Friedhöfen zu gestalten, war also ein Stück Alltag.

Und doch: Sterben, Tod und Trauer sind nie alltäglich, sondern greifen in fast jedem Fall mit Wucht und Schmerz in Beziehungen und Schicksale ein. Wer auch immer mit Angehörigen in dieser Ausnahmesituation zu tun hat, muss sich deren Lage stets vor Augen halten. Eine gewisse Routine bei der Erledigung der vielen Formalitäten, die in einem Sterbefall anfallen, ist das eine. Persönliche Zuwendung, ehrliches Interesse an dem Lebensschicksal der Verstorbenen und seiner Angehörigen sind das andere und sicherlich unverzichtbar. Wer diesen Gedanken nicht nur im Kopf, sondern vor allem im Herzen hat, bevor er ein Gespräch mit Trauernden beginnt, wird spüren, wie viel Offenheit und Dankbarkeit er zurückbekommt.

Gefangen

Die Gefahr, dass das Besondere vertraut und zur Gewohnheit wird und daraus irgendwann Oberflächlichkeit resultiert, ist groß. Am Anfang wird dieser Prozess häufig sogar noch positiv empfunden: Für einen Vorgang, für den man beim ersten Mal sechs Stunden Vorbereitungszeit gebraucht hat, sind bald nur noch drei oder zwei Stunden notwendig. Prima, eine Menge Zeit eingespart!

Doch ist man irgendwann an dem Punkt, dass man gar keine Vorbereitungszeit mehr braucht, hat man davon keinen weiteren Gewinn. Vielleicht kommt das, was man tut, sogar trotzdem noch gut rüber und an? Dann wird es besonders kritisch. Denn zu Ende gedacht heißt das ja: Du brauchst dir keine echte Mühe zu geben, für das Alltagsgeschäft reicht's allemal. Sehr bald beschritt ich genau diesen Weg. Ich konnte gut predigen, die Vorbereitung der Gottesdienste lief nebenbei und selbst das heikle Thema Religionsunterricht an der Hauptschule hatte ich ganz gut im Griff. Ich hätte Herausforderungen gebraucht und bat um Arbeitsbereiche, die ich eigenverantwortlich gestalten könnte. Und etwas, das ich bis dato nur von Vorlesungen in Kirchenrecht kannte, erlebte ich nun als Realität: die berühmt-berüchtigte »invidia clericalis«. Übersetzen kann man das vielleicht mit »kirchlicher Kollegenneid« – und die Verhaltensweisen, die er hervorbringt, nennt man »Mobbing«, wofür es meines Wissens noch keine Entsprechung im Kirchenrecht gibt.

Ja, das war nun auch wirklich zu viel: Der junge Kaplan wurde am Sonntag nach dem Gottesdienst in aller Öffentlichkeit für seine tolle Ansprache gelobt – sogar vom »Fanclub« des Pfarrers – und schließlich noch gefragt, welche Gottesdienste er denn am kommenden Wochenende halten würde. Das ging mir anfangs runter wie Öl, doch nahezu postwendend merkte ich, dass dieses Lob jemand anderem wie eine Gräte im Hals saß. Das Klima wurde kühl, dann frostig, später herrschte Eiszeit. Damit konnte ich so gar nicht umgehen. Als ich am Ende eines kurzen Urlaubs nach den Weihnachtsfeiertagen das Auto wieder in die Garage stellte, konnte ich eine ganze Zeit lang nicht aussteigen. Ich weinte hemmungslos, weil ich nun wieder in die Tretmühle zurück musste.

Als derjenige, der auch gegenüber seinen bischöflichen Vorgesetzten am kürzeren Hebel saß, probierte ich dennoch eine ganze Menge, um da herauszukommen. Ich bat um Versetzung, was mit der Begründung abgelehnt wurde, dass auch das Aushalten und Bleiben lernenswerte Tugenden seien. Dass vor und nach dem entsprechenden Termin mit dem Personalchef vermutlich mein Chef, also der Herr Pfarrer, informiert und gefragt worden war, ahnte ich nicht und wollte ich auch gar nicht wahrhaben.

Mein Dienst, den ich wirklich mit Feuereifer und großer Liebe begonnen hatte, wurde zur Qual, ja, er wurde mir mitten in der Kirche zur Hölle. Die Menschen, um die es ja eigentlich hätte gehen sollen, gerieten immer mehr aus meinem Fokus.

Ich suchte verzweifelt nach Wegen, um dem immer unerträglicher werdenden Seelsorgeralltag zu entfliehen. Hoffnung setzte ich auf die akademische Theologenlaufbahn und ersuchte um entsprechende Freistellung. Die geforderten fachlichen Qualifikationen erbrachte ich leicht und hatte sogar schon einen Doktorvater, der sich gut vorstellen konnte, dass ich an seinem Lehrstuhl forsche. Doch es gehörte zur Eigenart des kirchlichen Dienstes, dass über all diese Gesuche eine Kommission zu befinden hatte, die ohne Anhörung des Antragsstellers entschied. Der Bescheid, den ich erhielt, war negativ – und blieb es auch bei ähnlichen Versuchen in der Folgezeit.

Begründet wurde die Ablehnung offiziell mit dem »extremen Priestermangel« im entsprechenden Jahr und einem »Freistellungsersuchen des Heiligen Stuhls für einen Mitbruder, das Vorrang besaß.« Der abschließende Satz des Schreibens lautete, dass man darauf baue, »dass diese Entscheidung Ihre Freude am Dienst in keiner Weise beeinträchtigen wird.«

Welche Freude? Damals hatte ich das Gefühl, dass mir ein Todesurteil zugestellt worden war. Mit großer Disziplin versuchte ich, persönliche Enttäuschung(en) nicht auf die Art, wie ich meinen Dienst tat, durchschlagen zu lassen. Dafür legte ich mir langsam aber sicher wieder einen Speckgürtel zu, was bei Priestern ja nicht gerade eine Seltenheit ist. Sie alle sind, so einmal die spöttische Bemerkung eines selbst Betroffenen, »im Dienst des Herrn aufgegangen«. So kann man das auch sehen. Was mich anging, hatte ich eher den Eindruck, körperlich behäbig und unbeweglich zu werden und mich mit einem wachsenden Panzer vor innerkirchlichen Frustrationen zu schützen.

Und ein Blick in die Kollegenrunde zeigte, dass zwar nicht alle an Gewicht zulegten, wohl aber viele andere Schutzpanzer erkennbar wurden. Ich fand das alles furchtbar und mich genauso, verfügte aber noch nicht über die innere Einsicht, reflektiert auf die Gründe für meine Panzerung schauen zu können oder zu wollen. Ich nahm es hin, dass ich zunahm, dass der Rotwein zu einer allabendlichen Gewohnheit wurde, ahnte, dass das durchaus etwas mit Sucht zu tun hatte, fühlte mich aber auch dadurch vor weiterem Nachdenken »bewahrt«, weil es ja so viele genauso oder ähnlich machten.

Bedauerlich erschien mir nur, dass wir untereinander wohl die Veränderungen wahrnahmen, aber keine angemessene Gesprächsebene dafür fanden. Bestenfalls wurde in unverbindlich salopper Form darüber gesprochen, doch die Kernfrage »Warum geht es dir denn nicht gut?« wurde nicht gestellt. Auch von mir nicht. Jeder war an seiner Baustelle, in seiner Pfarrei. Die Probleme und Schwierigkeiten waren vergleichbar. Fazit: Warum soll ich fragen, wenn ich doch sowieso weiß, wie es dem anderen geht? Trotzdem hätten wir fragen sollen, denn wenn auch vieles vergleichbar war, so doch eines nicht: die Menschen.

Fast beschämt es mich rückblickend, dass ich damals diese Frage nicht stellen wollte, sondern gefangen war in meinen eigenen Befindlichkeiten. Schließlich gaben wir doch vor, Seelsorger zu sein. Wie konnten wir, konnte ich, angesichts dieser Ignoranz einen solchen Anspruch aufrechterhalten?

Wie macht Kirche Seelsorge?

Wenn im kirchlichen Kontext von Seelsorge gesprochen wird, dann häufig in diesem Sinn: Einerseits ist Seelsorge die persönliche Hinwendung von Christen, insbesondere aber von berufsmäßigen Seelsorgerinnen und Seelsorgern, zum Mitmenschen. Vorbild soll das Handeln von Jesus sein, der sich besonders um Arme, Kranke, Kinder, Witwen und Menschen mit Schuld gekümmert hat. Diese praktische Seelsorge wird beispielsweise in Kindergärten und -heimen, Krankenhäusern und Hospizen, aber auch in Justizvollzugsanstalten geleistet. Andererseits wird unter Seelsorge auch die religiöse wie moralische Unterstützung und Motivierung der Kirchenmitglieder verstanden. Sie setzt sich zum Ziel, die Menschen zu einem an den Werten und Normen der eigenen Religionsgemeinschaft ausgerichteten Lebensstil zu veranlassen. Dadurch sollen die Empfänger dieser Seelsorge das von den Kirchen vermittelte Lebensziel nicht verfehlen: das ewige Leben bei Gott nach dem Tod.

Das klingt sehr trocken. Deshalb dazu ein Beispiel, das aus dem Alltag jedes katholischen Gemeindepfarrers stammen könnte. Es könnte unter der Überschrift »Alle Jahre wieder« stehen und würde trotzdem nicht von Weihnachten sprechen. Zu den seelsorglichen Damoklesschwertern, die alljährlich über dem Kopf eines Gemeindepfarrers baumeln, gehört die Vorbereitung der Erstkommunion. Es geht darum, acht- oder neunjährige Kinder auf ein Glaubensfest vorzubereiten, bei dem sie zum ersten Mal den Leib Christi, umgangssprachlich »die Oblate«, empfangen dürfen. Diese Vorbereitung geschieht im schulischen Religionsunterricht sowie in speziellen Kommunionschulungen in der Pfarrei. Ein drittes Standbein ist zwar inzwischen weithin weggebrochen, wird aber häufig noch vorausgesetzt: die religiöse Erziehung und Praxis in der Familie. Aus meiner Erfahrung kann ich sagen, dass hier die seelsorgliche Quadratur des Kreises geleistet werden soll. Die »heilige Kommunion« ist aus Sicht der katholischen Kirche das »Allerheiligste«. Und genau das soll nun Kindern vermittelt und erlebbar gemacht werden. Ich habe das immer schon für eine Überforderung aller Beteiligten gehalten. Angesichts dieser Ausgangssituation kann man zu verschiedenen, in der tatsächlichen Seelsorge (!) zu beobachtenden Methoden greifen:

Beispielsweise wurden die Kinder mithilfe einer Art militärischen Drills mit den Grundkenntnissen im richtigen Verhalten in einer Kirche und bei einem Gottesdienst bekannt gemacht. Eine Schulstunde in der Kirche, wo der »liebe« und vor allem so große Gott wohnt, vor dem man an der richtigen Stelle knicksen, schweigen, knien oder stehen muss, das löste bei nicht wenigen Kindern richtige Angst aus. Damit auch die Eltern eine Auffrischung ihrer Kenntnisse erhielten, wurden Pflichtgottesdienste angesetzt, bei denen das liturgiekonforme Verhalten trainiert werden konnte.

Eine mögliche Variation legt großen Wert auf die Erfahrung von Gemeinschaft, denn schließlich bedeutet Kommunion ja genau das! Bei diesem Weg haben die Kinder auf einmal zu den vielen selbst gewählten Gemeinschaften wie Fußballverein oder Musizierkreis zumindest für ein paar Monate eine weitere. Aber im Gegensatz zu vielen anderen Freizeitaktivitäten der Kinder handelt es sich um keine selbstgewählte und auch immer seltener um eine, deren Sinn die Eltern ihrem Nachwuchs noch erklären können. Eine repräsentative Umfrage unter Erstkommunionkindern am bewussten Tag, was denn das wichtigste gewesen sei, würde ganz sicher »die Geschenke« auf Platz eins setzen.

Dennoch werden bis dato beide Wege der Sakramentenvorbereitung gegangen, helfen aber der »Glaubensvermittlung« nicht wirklich weiter.

Nicht nur, aber auch aus diesem Grund bin ich der Meinung, dass die jahrhundertealte Praxis dahingehend verschoben werden sollte, dass Sakramente tatsächlich erst im Erwachsenenalter gespendet werden – auf die (aus kirchlicher Sicht) »Gefahr« hin, dass vermutlich 70 Prozent der Kinder eines Geburtenjahrgangs ungetauft blieben. Eltern aber, die sich bei einer so veränderten Sakramentenpraxis dennoch für ihren Nachwuchs die Kindstaufe oder eben die Kommunion wünschen, täten es dann unaufgefordert und nicht, weil man es eben so macht. Solche Eltern sind dann sicherlich anders motiviert, selbst religiöse Erziehung mitzugestalten und zu übernehmen. Ich verstehe die Angst der Kirche vor einem solchen Schritt gut, zumal der Wechsel hin zu einem freiwilligen Sakramentenempfang im Erwachsenenalter auch ihre finanzielle Grundsicherung durch die Kirchensteuer schlagartig verändern würde. Aber ich bin mir sehr sicher, dass die gesellschaftliche und die kirchliche Wirklichkeit in naher Zukunft ein Umdenken bei »Kirchens« notwendig macht. Im Grundzug würde das die Kirche vermutlich in die zahlenmäßige Proportion bringen, von der Jesus vor 2000 Jahren mit der kleinen Herde sprach. (Aber das ist heute nicht mehr mein Thema.)

Der von mir in meinen letzten Kirchendienstjahren beschrittene Weg, die Eltern noch stärker einzubinden, sie mit ihrem eigenen Glauben und auch Zweifeln in Berührung zu bringen und mit einer Basiserfahrung »Kirche« auszustatten, war etwas erfolgreicher, aber unglaublich anstrengend für mich.

So also fühlte sich Seelsorge an: Menschen, die eigentlich gar nichts wissen oder in Anspruch nehmen wollten, von der Wichtigkeit des eigenen Angebots zu überzeugen und dafür auch noch deren Eigenleistung zu erwarten. Wer sich beim Lesen an die Tätigkeit eines Handelsvertreters erinnert fühlt, trifft ziemlich genau ins Schwarze.

Und hat man sich dann monatelang alle Mühe gegeben und am Ende ein schönes Fest veranstaltet, sind am (Sonn-)Tag danach trotzdem 80 bis 100 Prozent der frisch Kommunizierten und ihrer Familien nicht mehr zu sehen. Natürlich ist das frustrierend, doch es ist nun einmal Teil der Freiheit, die wir alle auch für uns in Anspruch nehmen.

Nicht erst dadurch, aber intensiviert durch diese Erfahrungen verstehe ich Seelsorge anders, ganz anders: Das beginnt schon damit, dass ich die selbstverständliche Verbindung von Seelsorge und Kirche überhaupt nicht nachvollziehen kann. Die stimmt nur, wenn unter Seelsorge die Vermittlung von zukünftigem Heil nach dem Tod zu verstehen ist.

Dieser Deutungsengführung kann und will ich nicht folgen, denn: Jeder Mensch hat eine Seele, also muss auch jeder Mensch Empfänger von Seelsorge sein können. Bei kirchlicher Seelsorge allerdings gilt es, eine Reihe von religiösen und kirchenrechtlichen Voraussetzungen zu erfüllen, um ihr Empfänger werden zu können. Eine Seelsorge allerdings, die im Grundzug ausschließenden Charakter besitzt, ja, sich sogar darüber definiert, darf sich nicht Seelsorge nennen. Vielmehr wäre es angemessen, hier von Glaubenslehre zu sprechen. Und den darin dargebotenen Inhalten Glauben zu schenken oder nicht, gehört zu den Grundfreiheiten des Menschen.

Es braucht also eine von ausschließlich kirchlicher Bindung emanzipierte Seelsorge, mit der Menschen ein angemessenes und fachlich qualifiziertes Angebot in Anspruch nehmen können.

Und es braucht Seelsorger: Frauen und Männer, die sich Zeit für Rat suchende Menschen nehmen und über ausgeprägte empathische Fähigkeiten verfügen. Diese Voraussetzungen sind nämlich fundamental, damit die Seelsorge ihr eigentliches Ziel erreichen kann: Der Suchende soll auf dem gemeinsamen Weg seine eigene Lösung in sich selbst finden und keine von außen vorgegebene Lösung übernehmen. Anders ausgedrückt: Seelsorge wird den Menschen befähigen, in sich nicht nur das Schwere, Misslungene und Traurige zu sehen, sondern auch die Schatztruhe zu finden, die alles birgt, damit das eigene Leben sinnerfüllt und voll Zu-Frieden-heit ist. Diese Truhe steht im Innenraum der Seele oft in unmittelbarer Nähe all der Erinnerungen, die den Blick von Menschen einengen und trüben.

Ehrlicherweise muss ich mir die Frage stellen und gefallen lassen, warum ich fast 14 Jahre gebraucht habe, bis ich einen Schlussstrich unter die kirchliche Seelsorge gezogen habe. Ja, warum?

Da war zunächst eine gewisse Betriebsblindheit, die es mir unmöglich machte, mein tatsächliches Befinden wahrzunehmen und anzuerkennen. Hinzu kamen auch die Garantieleistungen, die mit einer Anstellung bei der Kirche verbunden waren: Ein zwar nicht üppiges, aber sicheres Gehalt, relative Freiheit in der Zeit- und Arbeitsgestaltung – und nicht zuletzt die öffentliche Reputation, die mit dem Status eines Geistlichen noch immer verbunden ist. Auf all das zu verzichten und in Zukunft »nur noch« ein Diplom in katholischer Theologie in der Tasche zu haben: In nicht wenigen Gesprächen, die ich bereits Mitte der 1990er-Jahre mit Mitarbeitern des Arbeitsamtes, aber auch mit einflussreicheren Theologen führte, war das immer das »Totschlagargument«, wenn ich gerade mal wieder genug Mut aufgebracht hätte, um den Sprung nach draußen zu wagen.

Schließlich brauchte es auch bei mir, wie für alle wirklich großen Veränderungen im Leben, einen gewissen Leidensdruck, um zu begreifen, dass es so wie bisher nicht mehr weitergehen konnte.

Dieser Druck wurde erzeugt: innerlich und äußerlich.

Seelische Erdbeben

»In deiner Wohnung ist es sowieso schon so dunkel, und du lässt trotzdem noch den ganzen Tag die Fensterläden geschlossen! Lass doch die Sonne rein!« Diese Bemerkung machte meine Mutter bei einem ihrer Besuche im Jahr 1996. Ich bewohnte damals als Dienstwohnung ein Pfarrhaus, das Mitte der 1930er-Jahre gebaut worden war und meiner Erinnerung nach für einen Pfarrer, mindestens drei Kapläne und eine Haushälterin geplant gewesen war.

Dieses ganze Reich hatte ich für mich alleine. Und hielt hier auch tagsüber die Fensterläden geschlossen.

Meine Mutter machte sich damals große Sorgen um mich. Im Lauf der zurückliegenden Jahre war ich immer launischer geworden, rauchte wie ein Schlot und schien jede Lebensfreude verloren zu haben. Genau das also, was sich eine Mutter für einen Sohn vorstellt, der Priester geworden ist, oder? Als ich aber nun begann, eine Dunkelkammer um mich herum zu bauen, begann sie Alarm zu schlagen. Der Satz über die verschlossenen Fensterläden war so ein Alarm. Ich wollte ihn noch nicht hören und schob ihn stattdessen auf die Übervorsichtigkeit meiner Mutter, die sie wohl aufgrund der Behinderung meines Bruders entwickelt hatte.

Kurz darauf gab mir ein Mitarbeiter, mein Gemeindereferent, ein ähnliches Zeichen. Ich würde auf ihn depressiv wirken; ob ich denn schon einmal darüber nachgedacht hätte, einen Psychotherapeuten zurate zu ziehen. Ich weiß, dass ich an diesem Nachmittag innerlich kochte. Schließlich war ich der Chef. Wie konnte dieser Mitarbeiter es wagen, mir so zu kommen? Da es mir in meiner Arbeit immer noch gelang, den »charming boy« zu geben, erhielt ich natürlich auch ein ganz anderes Echo: Tolle Arbeit, endlich wieder was los hier, sogar ein paar Jugendliche kommen wieder – und da sollte ich depressiv sein?

Ganz tief in mir wusste ich wohl dennoch, dass dem so war: Ich fühlte mich wie ein Schnellkochtopf, in dem nichts mehr zum Verdampfen ist, der aber trotzdem ungebremst auf höchster Stufe weiter erhitzt.

Doch wie sollte ich von diesem Herd herunterkommen? Das war die Frage, die ich mir stellte. Klugerweise hätte ich auch fragen müssen, was denn da in mir gar gekocht werden sollte. Ich stellte die Herdfrage. Aktiv, aber verdeckt begann ich, mich nach einer anderen Arbeitsstelle umzusehen. Überraschenderweise bekam ich nach drei Wochen ein Angebot. Es handelte sich um eine Druckerei, die jemanden für den Vertrieb suchte. Ich bereitete meine Eltern ungeschminkt darauf vor, dass es mit der Priesterkarriere wohl bald vorbei sein würde. Sie schluckten, denn sie waren ja auch stolz auf mich – und wünschten mir trotzdem Glück. Als die konkrete Zusage anstand, sagte ich jedoch stattdessen ab: Etwas in mir hielt mich zurück. Mir selbst unterstellte ich, dass es wohl die Feigheit vor dem Leben außerhalb der Kirche war. Ganz sicher stimmte das – teilweise.

Aber, und das war der andere Teil: nur auszusteigen, um dann beruflich etwas zu machen, von dem ich schon im Vorhinein das Gefühl hatte, es würde nicht zu mir passen? Machte das Sinn? Würde ich dadurch nicht vom Regen in die Traufe kommen? Die Antwort auf die Herdfrage war wohl doch nicht alles! Unbemerkt – und das meine ich ganz wörtlich – stellte sich mir auf einmal die Sinnfrage in den Weg: Was ist deine Aufgabe, deine Berufung? Doch zu diesem Zeitpunkt hatte ich keine Kraft mehr für Sinnfragen und die Entscheidungen, die die Antworten darauf verlangten. Ich war fertig und hatte den Eindruck, dass sich in meinem Leben eine Art Falltür in einen diffusen und bedrohlichen Abgrund geöffnet hatte, dem ich haltlos mit stetig steigender Geschwindigkeit entgegenrutschte.

Ich war schon sehr vielen Menschen begegnet, deren Lebensspirale irgendwann unaufhaltsam nach unten ging. Beziehungsprobleme, Jobverlust, Krankheit und auch Trauer um einen schweren Verlust sind oft Auslöser für den Weg nach unten. Wie sich das »anfühlte«, erlebte ich jetzt an der eigenen Seele.

Diesen Abwärtstrend zu stoppen oder gar umzukehren, ist immer sehr schwer, leider oft unmöglich. Ein halbwegs belastbares soziales Netz, vor allem aber konkrete, zwischenmenschliche Zuwendung sind unabdingbare Grundvoraussetzungen dafür, dass dieser Weg nicht zwangsläufig auf der Straße endet.

An diesem Punkt hatte ich Glück, vielleicht war es auch Bestimmung oder Fügung. Das soziale Netz der Kirche hielt mich. Vielleicht sollte ich dafür dankbarer sein, aber die Vor- und auch Nacherfahrungen mit der Institution verhindern dieses Gefühl in mir.

Tiefste Dankbarkeit empfinde ich allerdings gegenüber einer sehr gestandenen Ordensfrau, die ich in der nun folgenden Zeit kennenlernen durfte. Ich beantragte eine Auszeit, wie ich sie nenne, und sie wurde unverzüglich genehmigt. Als Ort wurde mir ein Kloster nahegelegt, in das ich ohne Nachfrage aufbrach. Da ich mich seelisch obdachlos fühlte, hoffte ich, dort wieder ein Dach über mein Seelenhaus bauen zu können. Besagte Ordensfrau, damals bereits Ende 60, erklärte sich bereit, mich bei diesem Bauvorhaben zu begleiten und zu unterstützen. In den folgenden Monaten hat sie mir sehr dabei geholfen, die Sinnfrage zu hören und nach guten und lebbaren Antworten zu suchen. Sie war für mich da: zu abgesprochenen Zeiten, mit Notfallplan, wenn meine seelischen Erdbeben zu heftig wurden, mit definierten Rückzugsräumen, die sie brauchte, und mit einer klaren Zuständigkeitsgrenze, denn schließlich war sie keine Medizinerin oder Psychotherapeutin; sie verstand sich als Begleiterin. Für die von ihr erbrachten Leistungen erhielt ich darüber hinaus eine Rechnung, was mich anfangs etwas verwunderte (fast muss ich lächeln, auf welchem Stern ich damals wohl gelebt habe).

Sie hat mir dadurch für meine Zukunft ein Modell für alltagstaugliche und qualifizierte Seelsorge aufgezeigt. Dies umso mehr, als in unserer damaligen Arbeit sehr wohl die Spiritualität ihren Platz hatte, diese aber nicht wirklich kirchlich oder gar römisch-katholisch sein musste.

Und so lernte ich auch einige unfromme, ungehorsame Dinge. Ich hielt sie für revolutionär, musste allerdings erkennen, dass sie alle ihren Ursprung im Reden und Handeln von Jesus hatten. Dass sie dann keinen Eingang in das Kirchenrecht gefunden haben, ist etwas anderes. Zu diesen Trainingseinheiten gehörte das Wort »Nein«. Es zu denken, es auszusprechen und gelassen die Reaktion des Gegenübers abzuwarten, das hatte ich verlernt. Im Lauf meiner kirchlichen Dienstjahre hatte ich mich innerlich so verbogen, dass ich zwar immer wieder ein »Nein« in mir flüstern hörte, aber es um des lieben Friedens willen oder vielleicht, weil ich doch noch auf die sich öffnende kirchliche Karrieretür wartete, niemals lauter formuliert hatte.

Sehr schnell kam die erste Bewährungsprobe. Dieser konnte ich relativ gelassen entgegensehen, hatte ich doch meine klösterliche Trainerin an der Seite, man könnte auch sagen: im Nacken. Und das war gut, denn sonst wäre ich schon im Vorfeld wie ein ängstlicher Hase einen Haken schlagend abgehauen.

Es ging um die Rückkehr in meine damalige Pfarrei, die ich nicht wollte. Dieser Ort war – und das lag nicht an seinen Menschen – für mich einfach zu negativ besetzt, um dorthin zurückgehen zu können. Schriftlich teilte ich dies dem Personalchef mit. Ich erinnere mich, dass ich damals Angst hatte, diesen »aufmüpfigen« Brief – in Ton und Stil allerdings sachlich, eher immer noch zu servil – in den Briefkasten zu werfen. Das Spannende an dieser Situation war, dass in all den Jahren seit meiner Kaplanszeit der gleiche Priester die Personalangelegenheiten unter sich hatte. Er war rasant auf der Karriereleiter aufgestiegen, und so fand ich im Lauf der Jahre auf den diversen Ablehnungen meiner Ersuche und Anträge zwar immer wieder dieselbe Unterschrift, aber mit unterschiedlichen Titeln und Posten.

Derweil schloss ich nicht aus, dass mein »Nein« einen Rauswurf aus der Kirche bedeuten könnte. Doch weit gefehlt: Mein Ersuchen wurde zwar nicht mit einem Hurra begrüßt, aber auch nicht sofort verurteilt und abgelehnt. Nach einem weiteren Briefwechsel, in dem ich bei meiner Ablehnung blieb, wurde es akzeptiert.

Ich bekam von meiner klösterlichen Trainerin nun vermittelt, was mir in meiner Ausbildungszeit so deutlich geworden war: Dass nur der auf Dauer wirklich anderen helfen kann, der zunächst gut zu sich sein kann. Und dass man sich mit einem vielleicht zaghaften, aber standhaften »Nein« meist mehr »Gutes« tut, als mit einem halbherzigen und lauwarmen »Ja«. Das stellte viele meiner Entscheidungen aus den vergangenen Jahren sehr infrage. Auch die etwas selbstverliebte Einschätzung, dass es ja die Bösen »da oben« seien, die an meinem Unglück schuld waren, stimmte so einfach dann doch nicht. Wenn man nicht rechtzeitig einmal die Zähne zeigt, wird man für zahnlos gehalten, und ist es letztlich auch.

Ich habe mich auch in den Jahren danach nicht zum notorischen Verneiner und Wadenbeißer entwickelt, aber von halbherzigen »Jas« habe ich mich verabschiedet.

Zunächst wurde jetzt aber nach einer neuen Stelle für mich gesucht. Und mit der letzten Kraft, die ich damals noch aufbringen konnte, sorgte ich dafür, dass ich nicht sofort wieder mit höchster Schlagzahl in den Gemeindealltag zurückmusste.

Ich spürte, dass eine Trauerzeit angebrochen war. Meine erhoffte Kirchenkarriere war endgültig futsch: Beförderungsanträge abgelehnt, leistungsmäßig angezählt und jetzt auch noch aufmüpfig – das konnte nicht mehr funktionieren. Auch mein altes Bild von mir, der »charming boy«, der dynamische, junge Pfarrer, auf den diese Welt wartete, war gestorben. Und schließlich gab es auch einige Hallen zuzuschütten, die ich fälschlicherweise für heilige gehalten hatte. Für so viele Abschiede brauchte ich Zeit. So übernahm ich vertretungsweise und zeitlich begrenzt eine kleine Pfarrei, die mir Raum und Zeit für meine Trauer ließ. Es war eine zartbittere Zeit. Voller Tränen über Wunden, die nur zögerlich vernarbten, voller Dünnhäutigkeit und Empfindsamkeit, aber auch gefüllt mit der langsam wachsenden Erkenntnis, dass der neue Tag dann am nächsten ist, wenn die Nacht an ihrem dunkelsten Punkt angekommen ist.

Ich hatte in dieser Zeit einige wenige Begleiter. Keiner nannte sich Trauerbegleiter, doch jeder war es auf ganz eigene Art und Weise. Sie gaben mir die Sicherheit, nicht alleine unterwegs zu sein und ließen mir gleichzeitig die Freiheit, mein Trauertempo selbst zu bestimmen. Mit diesen beiden oft als Gegensätze empfundenen Haltungen, der Sicherheit und der Freiheit, kann ein Trauerweg zu Heilung und Lebensbejahung führen.

Innere Kündigung und Burn-out

Mit der mir eigenen Disziplin arbeitete ich daran, zügig durch das Tal der Trauer hindurchzukommen. Offensichtlich hatte ich für das Thema »Zeit« noch nicht das richtige Gespür entwickelt. Heute weiß ich: Verlusterfahrungen unter zeitlichen Abarbeitungsdruck zu setzen, ist absolut kontraproduktiv. Für mich war diese Schnelligkeit aber wichtig, um mir damit zu beweisen, dass ich mich und mein Schicksal absolut im Griff hatte. Und obendrein gab es noch eine Restangst gegenüber der kirchlichen Obrigkeit. Und da mich mein Gegenüber genau so einschätzte, bekam ich relativ zeitnah und sicherlich deutlich zu früh, meine neue Aufgabe und Stelle angeboten. Diese sollte nun mit sechs Jahren Verweildauer die längste und schönste in meiner Kirchenzeit sein – mich aber gleichzeitig zu einer Entscheidung führen.

Schön war, dass ich Gemeinden – anfangs waren es zwei, im letzten Jahr dann drei – vorfand, die nach Seelsorge regelrecht dürsteten. Ich begegnete Menschen, die die Zeit, die ich ihnen gab, als Geschenk empfanden. Menschen, die auch etwas vom Glauben wissen wollten, zunächst aber einen Ort suchten, wo sie willkommen und Raum und Zeit für sie da waren.

Und ich spürte, dass ich mich verändert hatte. Die Überlegungen, auf welche Sprosse der kirchlichen Karriereleiter ich es denn mit meinem Engagement wohl bringen könnte, waren zurückgetreten. Das Gegenüber, das Du, war ungleich wichtiger geworden. Und immer mehr lernte ich, dass es niemals einen wichtigeren Mensch geben darf als den, der einem gerade mit seinem Anliegen begegnet. Für mich wurde diese Haltung zur Selbstverständlichkeit. Doch sie wurde (und wird) ganz selten als solche empfunden.

Viele Menschen erleben, dass ihnen nur mit halbem Ohr zugehört wird. Noch schlimmer ist es, wenn ihre Situation unreflektiert mit einer anderen verglichen wird. Etwa so: Jemand erzählt, wie sehr er unter der Erkrankung eines Partners leidet, dass die Situation langsam unerträglich für ihn wird. Antwortsätze wie »Jeder trägt sein Päckchen!« oder »Es hätte ja noch viel schlimmer kommen können!« stimmen zwar sachlich, wirken aber auf Betroffene (sollte man sie nicht richtiger »Getroffene« nennen?) oft wie eine Ohrfeige.

Ich lernte, dass Schweigen oft das ausdrucksstärkere Mitgefühl sein kann.

Ich lernte, dass die Menschen selten etwas vom »lieben Gott« erwarten, sondern sich von seinem Bodenpersonal Verbindlichkeit erhoffen. Für diese Verbindlichkeit stand ich ein.

Doch in einer Pfarrei und als Pfarrer befindet man sich nicht auf neutralem Boden und kann »sein Ding machen«. Das geht in keiner Organisation, in keinem Unternehmen, auch und schon gar nicht in der katholischen Kirche. Zu ihren Wesensmerkmalen gehört ja die Hierarchie. Hierarchie ist ein Wort griechischen Ursprungs und kann zweifach richtig übersetzt werden: Heiliger Ursprung oder heilige Herrschaft. Doch eigentlich war es auch egal, wie das Wort in lehramtlichen oder dogmatischen Schriften übersetzt wurde – in der Praxis gab es immer nur eine Lesart: heilige Herrschaft. Klare Struktur von oben nach unten und dies mit Berufung auf den Herrn Jesus und den Heiligen Geist.

In der zweiten Jahreshälfte des Jahres 1999 wurde der deutschen katholischen Kirche ein Paradebeispiel dafür präsentiert: der vom Papst erzwungene Austritt aus dem bestens funktionierenden System der Schwangerenkonfliktberatung. Ein wenig Hintergrundwissen tut an der Stelle not: Bis zu diesem Zeitpunkt war die katholische Kirche in das deutsche System der Beratung von schwangeren Frauen in Not integriert. Frauen, die nicht wussten, ob und wie sie ihr Kind, fanden fachliche, menschliche und soziale Beratung. Dieses System galt als vorbildlich. Doch aus hierarchischer Sicht besaß es ein Kainsmal: Da es Teil des staatlichen Systems war, war der Beratungsnachweis auch staatlich gültig. Das bedeutete: Da der Nachweis auch die Voraussetzung dafür war, dass eine fachärztliche Abtreibung legal durchgeführt werden konnte, war die deutsche katholische Kirche – so wurde es bewertet – indirekt an Kindstötungen beteiligt. So war das von Rom vorgegebene Ziel eindeutig: Ausstieg aus dem System. Die Order kam aus Rom, die Umsetzung hatte in Deutschland zu geschehen. Ich konnte das damals nicht verstehen und tue es bis heute nicht. War denn die Chance, die in diesem System lag, gar nichts wert? Die Chance, dass sich Frauen aufgrund der guten Beratung entschlossen, Ja zu ihrem Kind zu sagen.

Ich schrieb meinem Bischof, bat ihn, sich gegen die Weisung aus Rom zu stellen. Den basiskirchlichen Widerstand, der sich damals wirklich regte, unterstützte ich in meinen Gemeinden ganz offen und geriet damit in das Visier von papsttreuen Christen. Denn ich weigerte mich, bei einer Sühneveranstaltung, einer Art »Gewissensdemo«, vor einer Arztpraxis auf meinem Pfarreigebiet mitzumachen, in der angeblich Abtreibungen durchgeführt wurden. Der betreffende Arzt, sein Personal, vor allem aber die Patientinnen wären vorgeführt und moralisch abgestempelt worden. Ein Pranger hatte schon in meinen kindlichen Ritterburgtagen nicht zu meiner Ausstattung gehört – als erwachsener Mensch, der auch noch etwas mehr als Basiskenntnisse in Bibelwissen hatte, passte das noch viel weniger in mein Weltbild.

Dennoch galt letztlich der klassische Satz: »Roma locuta – causa finita« – »Rom hat gesprochen, die Angelegenheit ist damit beschlossen und verkündet.« Gegen diese Verkündigung stand zumindest öffentlich nur ein deutscher Bischof auf: Franz Kamphaus, der damalige Bischof von Limburg. Er beließ es nicht nur beim Aufstehen, er vollzog den Ausstieg in seinem Bistum nicht mit. Seiner Geradlinigkeit und Authentizität wegen hatte ich ihn schon sehr lange hoch geschätzt, nun aber zog ich den Hut noch tiefer vor ihm. Mit seiner Haltung verkörperte er das, was ich unter Gewissensethik verstehe. Jeder Gehorsam, den kirchliche Amtsträger vor Übernahme eines Amtes den nächsthöheren Instanzen gegenüber schriftlich zu bekunden haben, kann und darf niemals höher stehen als das eigene Gewissen und sein Urteil.

Ja, da stand nun auch ich, ein Landpfarrer, mit meinem Gewissen. Es gab konkret drei Wege, die ich einschlagen konnte.

Weg eins hieß: In der Gemeinde, im Kreis der Kollegen und auch im Gespräch mit den höheren Chargen eindeutig Position zu beziehen, im Grunde wissend, dass ich damit keine erneute Diskussion oder gar eine Revision der gefallenen Entscheidung würde bewirken können. Und genauso lief es. Zumindest die höheren Chargen ließen mich spüren: »Gut gebrüllt, Löwe! – Wir haben dich gehört, aber niemand hat Angst vor dir! Halt also zukünftig den Mund.«

Weg zwei heißt im modernen Arbeitsweltdeutsch »Innere Kündigung«. Dies wurde nach diesen Erfahrungen signifikant für mich und meine Gemeindearbeit. Folgendes geschah: Das Priesteramt ist ein Tendenzberuf. Das bedeutet, es kommt darin nicht nur auf fachliches Wissen und Können an, sondern darüber hinaus auch darauf, von der Richtigkeit der eigenen Sache überzeugt zu sein. Und genau diese Überzeugung war in mir nachhaltig verloren gegangen. Meine Funktion schrieb mir vor, in jedem Gottesdienst für den Papst und den Bischof zu beten. Ernsthaft musste ich mich fragen: Was tat ich denn da? Wenn Gebet, wie ja jedes spirituelle Tun, nicht nur ein

Lippenbekenntnis sein darf, sondern aus dem Herzen kommen soll, dann war klar, dass ich inzwischen keine Gebete mehr sprach, sondern zu einem Ritusvollzieher geworden war.

Ich kam mir schnell auf die Schliche und versuchte, halb korrekte Dinge zu tun: Ich veränderte die offiziellen Kirchengebete, was in den Gemeinden eher positiv ankam, weil es eine Veränderung des Gewohnten war, und versuchte, mich auf diese Art und Weise aus meiner Gewissensnot zu befreien. Doch eigentlich wollte ich ja »verbindlich« sein und bleiben und spürte genau, dass dazu Eindeutigkeit im Verhalten nötig war.

Die mutigste und konsequenteste Alternative hätte allerdings schon damals geheißen: »Nun reicht's mir endgültig, ich schmeiß die Brocken hin!«

Ich bin alle drei Wege gegangen, nacheinander.

Ich begann, um meine eigene Eindeutigkeit zu ringen. Am liebsten hätte ich natürlich grundlegend etwas an der Institution »Kirche« geändert, sie wieder mehr auf den Weg gebracht, den Jesus, sofern er denn überhaupt an eine Kirchengründung dachte, gelebt und auf diese Weise gewiesen hat. Dass ich damit eine Sisyphosarbeit begonnen hätte, war mir jedoch klar. Zu dieser Art von heldenhafter, aber vermutlich erfolgloser Steinbrucharbeit fühlte ich mich nicht berufen. Die Menschen, die im Lauf der Kirchengeschichte einen solchen Weg gewählt und eingeschlagen hatten, kamen mir allerdings in dieser Zeit sehr nahe. Ich beschäftigte mich mit ihrem Leben, das gezeichnet war von inneren und äußeren Kämpfen, von ganzen Felsbrocken, die ihnen von ihrer kirchlichen und nichtkirchlichen Mitwelt in den Weg gelegt worden waren. Sucht man nach den Kraftquellen, den Motoren, die sie auf ihrem Weg nicht haben müde werden lassen, so begegnet man in ihren Biografien einschneidenden Erlebnissen, Visionen, Berufungsszenarien.

So beispielsweise bei Giovanni Battista Bernardone, der wohl unter dem Namen »Franz von Assisi« bekannter ist. Luxus pur, davon war sein Leben vor seiner überirdischen Beauftragung geprägt. Nach diesem Ereignis waren radikale Armut und unterschiedslose Zuwendung zu allen Lebewesen die Haltungen, die ihn auszeichneten und die er einforderte: Von den Freunden, die sich ihm anschlossen, letztlich aber auch von der Kirche. Dass er damit in seiner Zeit, dem Hochmittelalter, in dem die weltliche Macht der Kirche unheimlich groß geworden war, nicht unbedingt Freunde in der Hierarchie fand, versteht sich von selbst.

Sein Lebensweg war nach diesem Erweckungserlebnis sehr konsequent. Es war ein Weg der permanenten Loslösung, zunächst aus dem städtischen Großbürgermilieu, dem er entstammte. Dazu gehörte für ihn die radikale Abkehr von seinem Besitz und den Menschen, die von dem ihren besetzt oder gar besessen waren. (Das waren schon damals die meisten!) Auch von der Kirche löste er sich – allerdings in der Form, dass er einen Ort suchte und einen Lebensstil pflegte, den man als einen kirchlich genehmigten Parallelentwurf bezeichnen kann. Ihm war die kirchliche Genehmigung sehr wichtig, denn er wollte zwar radikal »back to the roots«, aber er wollte kein Revolutionär sein.

Um sich selbst treu zu bleiben, musste er sich irgendwann auch von der spirituellen Gemeinschaft lösen, die um ihn herum entstanden war. Als es dort um Macht, Ämter und damit natürlich auch um Besitz ging, zog er sich in eine Klause zurück, in der er sich nur noch an Gott gebunden fühlte. In dieser losgelösten Gebundenheit starb er mit Mitte 40 im Jahr 1226. Dass er zu einem kirchlich anerkannten Heiligen wurde, hat ihn posthum neu gebunden: an die Kirche und an Menschen. Ob er das gewollt hätte, ist eine hypothetische Frage. Man kann aber vermuten, dass dem nicht so war. Mit dieser Heiligsprechung ist allerdings eine zweifache Provokation erreicht: Die Lebensführung von Giovanni Battista Bernardone, genannt Franz von Assisi, ist öffentlich gemacht worden und provoziert. Es provoziert die Satten und Reichen in der Kirche, die nach Begründungen suchen müssen, warum ihr Lebensstil so in Ordnung sein soll. Und genauso provoziert sein Beispiel die, die sich Veränderung wünschen und spüren: Wenn du nicht bei dir selbst anfangen willst, kannst du es gleich vergessen.

Provokation, ich mag das Wort, wenn es richtig übersetzt wird. Herausrufen – das meint es eigentlich. Und genau das tat die Beschäftigung mit diesem Heiligen tatsächlich mit mir. Ich beschäftigte mich intensiv mit ihm und sein Ruf lockte mich heraus aus meinem gewohnten Lebensstil – und schließlich wusste ich: Ein solches Leben wie das des Heiligen Franz geht für mich nicht.

Zum einen fehlte mir der »überirdische Auftrag«. Wenn ich – wie es in einer Priesterkarriere immer wieder passiert – nach meinem Berufungserlebnis gefragt wurde, hatte ich von keinem zu erzählen. Wahrscheinlich fehlte mir also immer schon ein ganzes Stück, um wirklich Priester zu sein. (Für den Seelsorger hingegen reichen irdische Beauftragungen.)

Je länger und intensiver ich mich von solchen innerkirchlichen Beispielmenschen im wörtlichen Sinn provozieren ließ, um so ernüchterter musste ich im Hinblick auf mich selbst erkennen: Zwar gefiel mir so vieles an der Kirche nicht und meine theologischen Kenntnisse machten mir natürlich auch klar, dass zwischen den Worten von Jesus und dem kirchlichen Leben heute eine große Diskrepanz klafft. Doch trotzdem hatte ich niemals das Gefühl, dazu aufgerufen zu sein, prophetisch oder im Stil eines Sisyphos, eines Don Quichottes und schon gar nicht wie Franz aus Assisi dagegen kämpfen zu müssen.

Nüchtern betrachtet kam ich also zur der Erkenntnis, dass mir zwar vieles nicht passte, mir das Ganze aber zu unwichtig war, um es ändern zu wollen.

Ich ging auf immer größere Distanz zu allen offiziell-kirchlichen Verlautbarungen und Statements und versuchte, in der Alltagsarbeit das zu tun, was der konkrete Mensch, mein direktes Gegenüber brauchte. Freie Seelsorge mitten in der Kirche.

Mit diesem Verhalten war ich weder der Erste, noch der Einzige. Ich kenne etliche Priester, die seit Jahren und Jahrzehnten eine solche Haltung pflegen und kultivieren. Bei ihren Gemeinden sind sie oft sehr beliebt, bei den hohen Herren weniger bis gar nicht. Leider weiß ich, dass nicht wenige von ihnen im Lauf dieser Jahre traurig, enttäuscht und verzweifelt geworden sind, weil sie in ihrer Kirche vieles finden, aber nur noch sehr wenig von der Sprengkraft ihres spirituellen Ursprungs. Trotzdem verlassen die wenigsten von ihnen den Kirchendienst. Vielleicht leben sie ja aus der Kraft einer überirdischen Beauftragung? Vielleicht wird irgendwann das Ausstiegsszenario zu schwierig und zu bedrohlich? Und auch die offizielle Seite unternimmt hier nur sehr selten Schritte. Klar, es wird wahrgenommen, wenn da ein kritischer Priester ist – dafür funktionieren die Buschtrommeln viel zu gut. Dieser Mann kann sicher sein, dass er niemals Bischof wird (worüber die allermeisten heilfroh sind). Doch offiziell geht man nicht gegen ihn vor, so lange seine Meinungen nicht massiv Kirchenrecht und Glaubenslehre verletzen. Wahrscheinlich sind ein paar Exoten ganz nett, die kann man einfach mitlaufen lassen.

Das vermute ich vielleicht deshalb, weil ich mich selbst so fühlte, was mir einerseits guttat, andererseits aber überhaupt nicht. Es gibt wirklich eine Art römisch-katholischer, amtskirchlich zugestandener Narrenfreiheit. Ich habe sie selbst erlebt und war überrascht, wie weit sie im tatsächlichen Kirchenleben reicht. So nahm ich mir beispielsweise die Freiheit heraus, vorher zu entscheiden, ob ich einen Hirtenbrief, also ein offizielles Wort des Bischofs vorlesen wollte oder nicht. Fand ich, dass der für diesen Sonntag vorgesehene Bibeltext ein spannenderes Predigtthema bereithielt als der Hirtenbrief, so legte ich einige Kopien des Hirtenbriefs aus, bekannte im Gottesdienst meinen Ungehorsam und hielt meine eigene Predigt. Und freute mich am Ende des Sonntags – fast ein wenig kindisch – wenn niemand aus der Gemeinde eine Kopie des Hirtenbriefes mitgenommen hatte.

So weit der Vorteil. Doch Narrenfreiheit findet dauerhaft wohl nur der gut, der auch wirklich ein Narr ist. Und das war ich nicht und wollte ich auch nicht sein.

Mit meiner inneren Distanz brauchte ich für meine Arbeit ein Vielfaches an Energie. Ich kam mir vor, als wäre ich ein Ofen, der zehn Meter neben dem Haus steht und trotzdem versucht, innen wohlige Wärme zu produzieren. Erstaunlicherweise gelingt das eine ganze Zeit. Weder besuchten weniger Menschen den Gottesdienst (das ist eine statistisch exakt fassbare Größe), gegen den Trend wuchs sogar das Spendenaufkommen (auch dafür gab es Datenerfassung) und – das war mir persönlich wichtiger als alle Zahlen – die Menschen kamen mit großer Offenheit, ja mit immer tiefer gehenden inneren Nöten und Bedürfnissen. Die wenigsten kamen, weil sie die Hilfe oder den Rat des Pfarrers wollten. Sie kamen zum Seelsorger und Menschen Thomas Multhaup. Das tat mir gut. Ich intensivierte also meine Bemühungen, für alle da zu sein und rückte gleichzeitig den »Ofen« nochmals ein paar Meter weiter weg von der Kirche. Ich spürte ganz deutlich, dass es jetzt den ehrlichen Schritt gebraucht hätte. Aber es gab ja so viele gute und weniger gute Gründe, um zu bleiben. Zum einen gab es ja das Versprechen, Priester auf Lebenszeit und darüber hinaus zu sein. Das zu brechen beziehungsweise einseitig zu beenden, fiel mir viel schwerer, als ich das vermutet hätte – das spürte ich, je näher ich mich an den Entschluss heranarbeitete. Dann waren mir viele Menschen in meinen Gemeinden ans Herz gewachsen – sie alle würde ich verlieren.

Zwei Ereignisse erzeugten dann einen bleibenden Nachhall in mir. Zunächst plante ich mit 20 Gemeindemitgliedern eine einwöchige Fußwallfahrt in den neuen Bundesländern. Unser Ausgangspunkt sollte Gotha in Thüringen, Zielort das nach der Wende wiedererrichtete Kloster Helfta in Sachsen-Anhalt sein. Ursprünglich bewegt hatte mich der Gedanke, dass es wichtig ist, sich zum eigenen Glauben auch dort zu bekennen, wo das überhaupt nicht mehr selbstverständlich war. Vielleicht würden wir aber auf dem Weg auch Christen begegnen, die einfacher, ursprünglicher, im gewissen Sinn auch überzeugter den Glauben lebten, als wir das taten.

Ein ganzes Jahr lang bereitete sich die Gruppe auch spirituell vor; für jeden Wallfahrtstag gab es spezielle Texte, Gedanken, Gebete und Lieder. Die tägliche Wegstrecke sollte etwa 25 Kilometer betragen und an jedem Zielort wollten wir in einer Kirche Gottesdienst feiern. Das stellte sich bei der Planung als die organisatorisch größte

Schwierigkeit heraus, an das wir »Wessis« gar nicht gedacht hatten. Denn es gab einfach nicht in jedem Ort eine Kirche – und wenn doch, wurde diese teilweise seit Jahrzehnten oder gar Jahrhunderten anderweitig genutzt. Als wir unterwegs waren, erlebten wir sehr bald, dass wir mit unserer sichtbaren Botschaft – wir trugen ein Kreuz voraus – meist ungläubig angeschaut wurden. Ganz selten nur wurden wir angesprochen. Das änderte sich immer erst am Abend bei den Gottesdiensten. Wir kamen an einem Ort an, wo wir angekündigt und willkommen und sogar eine Art Mutmacher für die wenigen Christen waren, die es vor Ort gab. Währenddessen führte die äußere und innere Situation der Wallfahrer sehr schnell zu einem tiefen Zusammenhalt in der Gruppe. Die Teilnehmer drückten auf dem Weg schon aus, welche Freude sie an ihrem Glauben, seiner Praxis und an diesem Glaubensereignis fanden. Was mich überraschte, war, dass ich ein anderes Empfinden hatte. Auch ich war begeistert davon, dass es möglich war, sich zu Beginn des 21. Jahrhunderts mit anderen Christen zusammen auf einen solchen Weg zu machen, mitten durch ein weitestgehend »kirchenfreies« Gebiet. Aber das war es dann auch. Im Lauf dieser Tage kamen viele Vorschläge aus der Gruppe, wie dieses neu entfachte Glaubensfeuer nach der Rückkehr in unseren Gemeinden weitergegeben werden sollte. Ich notierte mir an einem dieser Tage etwas ganz anderes in meine Wallfahrtskladde: »Ich glaube, dass es für mich Zeit wird, noch weniger als bisher über Gott zu reden. Handeln ist angesagt!«

Dass die Predigten, die ich in dieser Woche hielt, als so packend empfunden wurden, hat vielleicht mit dem Ofen zu tun, den ich in diesen Tagen wohl besonders schürte. Oder damit, dass es praktische Predigten waren, in denen es um Ehrlichkeit und Zuwendung ging.

Als wir dann in Helfta willkommen geheißen wurden und den Abschlussgottesdienst feierten, wusste ich: Du musst dir was Neues suchen! Wenn du jetzt noch weiter im Kirchendienst bleibst, dann wird es vollkommen schräg. Zwar gefallen dir diese Ideen, wie der Glaube und vor allem soziales Handeln in den Gemeinden lebendiger werden könnten. Aber du weißt, du selbst willst es nicht mehr anpacken. Du kennst einfach schon zu viele Bremsmanöver, zu viele in den Weg gelegte Steine.

In den Wochen danach hatte ich ausreichend Gelegenheit, mich mit meiner Situation intensiv zu befassen. Ich hatte eine Kur beantragt und genehmigt bekommen. Ich freute mich auf diese Zeit, von der ich mir zunächst einfach Erholung erhoffte. Doch es sollte anders kommen: Man konfrontierte mich mit der Diagnose »Burnout«– und bat mich freundlich, aber nachdrücklich, mich auf eine Ursachenforschung einzulassen. So gelangte ich dann bald an den Punkt, an dem ich erstmals sonnenklar erkannte, dass ich zwar Seelsorger war, aber kein berufener Priester. Ich wollte die Seelen der Menschen berühren, ihre Herzen aufmachen, ihre Trauer aushalten und Freude am Leben verbreiten, aber dazu brauchte ich für mich keinen religiösen Beipackzettel. Meine Aufgabe ist es nicht, Seelen für das Jenseits auszurichten, meine Aufgabe ist es, hier und jetzt Begleiter und Unterstützer zu sein. Das Erschrecken über dieses Erkennen – schließlich hakte ich gerade etwa 20 Lebensjahre ab – hielt sich dann in sehr überschaubaren Grenzen. Größer war das Erschrecken darüber, wie schnell die Zeit an diesem »Gnadenort« Kurklinik verstrich.

Dem Drängen meiner ärztlichen Ansprechpartnerin, die Aufenthaltszeit zu verlängern, gab ich nicht nach – zu groß immer war noch mein dienstlicher Gehorsam. Die

64

Ärztin verabschiedete mich schließlich mit sehr klaren Worten: »Ich glaube, dass ein paar Wochen länger Ihnen wirklich gutgetan hätten. Aber Sie haben sich entschieden, schon jetzt in Ihre Gemeinden zurückzukehren. Dann wünsche ich Ihnen alles Gute und machen Sie das nicht länger, als es Ihnen noch guttut.«

Meine Frau!

War es die Feigheit, die mich noch zurückhielt? Schon möglich. Die Situation, in der ich mich damals befand, war durchaus vergleichbar mit der eines Ehepaares, das sich auseinandergelebt hat. Die Partner spüren, dass nicht nur die Liebe des Anfangs erloschen, sondern im Lauf der Zeit das Miteinander immer schwerer geworden ist. Trotzdem – und das ist ja auch etwas ganz Wichtiges – zieht man nicht am nächsten Tag aus, sondern nimmt immer wieder einen Anlauf, um der Partnerschaft neue oder (fast noch besser) alte Lebendigkeit zu geben. Ich habe immer wieder auch Ehepartner begleitet, bei denen diese treue Beharrlichkeit aufs Neue die Augen für den besonderen Wert ihrer Beziehung geöffnet hat. Und selbst wenn am Ende aller Bemühungen das Auseinandergehen steht, besitzt es dann eine andere Qualität. Es ist nicht fluchtartig, sondern ereignet sich erst dann, wenn beide Partner guten Gewissens sagen können, dass sie alles für das Gemeinsame versucht haben. Und so schaue ich heute auch auf meine letzte Zeit im Kirchendienst zurück. Es hätte in meinen Augen nach Flucht ausgesehen und vermutlich würde ich heute mit einem unangenehmen Nachgeschmack daran denken. So sehe ich meine letzten Priesterjahre als einen finalen Versuch an, meine Quasi-Ehe, die ich mit der Weihe eingegangen war, zu retten. Aus der Sicht der Kirche, im Bild gesprochen: meiner Ehepartnerin, sah das etwas anders aus. In dem Moment, in dem ich in den Dienst zurückkehrte, wurde das als Signal verstanden: die Beziehung funktioniert wieder.

Wenn ich das heute so feststelle, bin ich dabei frei von Vorwürfen oder Bitterkeit. Die Situation ließ und lässt letztlich keine andere Verhaltensweise zu. Das Stichwort »Fachkräftemangel« trifft den Nagel auf den Kopf, auch wenn es meist in einem ganz anderen Zusammenhang gebraucht wird. Konkret: Zu den tagtäglichen Problemen eines Personalreferenten für Priester gehört, dass er deutlich mehr freie Stellen als Bewerber dafür hat. Insofern besteht seine Kunst wirklich darin, den Mangel zu verwalten und die Chance, die der Mangel angeblich begründet – beispielsweise, dass die Gemeinden aktiver und selbstorganisierter werden sollen –, zu verkünden. Das bedeutet natürlich auch, dass er heilfroh ist, wenn ein Priester nach einer Auszeit wieder an seinen Arbeitsplatz zurückkehrt. Dafür hatte ich Verständnis – obwohl ich mir natürlich etwas anderes gewünscht hätte. Schließlich ging es nicht nur um eine Sachfrage, sondern um eine besondere Art von Beziehung.

Es war dann schließlich der Beginn einer anderen Beziehung, der mir deutlich machte, wofür mein Herz wirklich schlagen wollte.

Ohne irgendeinen Hintergedanken lud ich eine meiner Mitarbeiterinnen zum Essen ein. Sie leitete einen der Kindergärten, die zu meiner Pfarreiengemeinschaft gehörten. Sicher nichts Ungewöhnliches nach fast sechs Jahren Zusammenarbeit, die von Sachlichkeit und Offenheit geprägt waren. Dass diese Frau einmal meine Ehefrau werden würde, wäre mir noch am Tag des geplanten Abendessens absurd erschienen, meiner Frau übrigens genauso.

Doch erstens kommt es anders und zweitens als man denkt. Das erfuhren auch wir beide an diesem Abend und den nächsten Tagen. Sehr schnell spürten wir eine große Liebe und beinahe genauso schnell ahnten wir die Konsequenzen, die da auf uns zurollten. So saßen wir nur neun Tage nach diesem Abendessen in aller Verliebtheit zusammen und überdachten die möglichen Schritte. Da kamen letztlich nur zwei infrage: Entweder das sofortige Beziehungsende, das wir uns aber gar nicht vorstellen konnten, oder aber den kompletten Bruch mit dem bisherigen Leben.

Um diesen Bruch ging es nicht nur bei mir. Viel überraschender und unvorbereiteter stand meine Partnerin davor. Während ich ja in den zurückliegenden Jahren immer wieder einmal hin und her gedacht und geplant hatte, traf sie das Geschehen wie der Blitz aus heiterem Himmel. Die nächstliegende Möglichkeit, eine mehr oder weniger unauffällige Hintergrundbeziehung zu beginnen, schlossen wir dennoch kategorisch aus. Wir wollten auf Dauer nichts Heimliches und hätten das auch gar nicht gekonnt.

Doch irgendwie stellten wir es selbst in den wenigen Monaten, die ich brauchte, um offiziell aus den Gemeinden und dem Kirchendienst auszuscheiden, nicht clever genug an, um unsere Beziehung verborgen zu halten. Die zunächst Leidtragende dabei war meine Partnerin. Irgendwie war ich durch eine Art Pfarrerbonus geschützt. Zwar merkte auch ich Veränderungen im Verhalten von Menschen, die mir begegneten, doch erst nach dem offiziellen Dienstende erhielt mein Vorgesetzter eine anonyme Denunzierung, »dass der Herr Pfarrer was mit einer Frau hätte«. Da ging es meiner Partnerin sehr schnell ganz anders. In einer menschlich wirklich schäbigen Art und Weise wurde sie beispielsweise eines Tages von einer ihr unterstellten Mitarbeiterin in aller Öffentlichkeit gefragt, ob sie etwas mit mir habe.

Am besten kann man sich diese Abgeschmacktheit vor Augen führen, indem man die Situation ins nicht-kirchliche Leben transportiert. Dann sähe sie so aus: Die Lagerkraft fragt die Filialdirektorin vor Kunden, ob sie etwas mit dem Bereichsleiter habe. Und meine Partnerin konnte letztlich nichts anderes tun, als weiterhin so gut wie möglich ihre Arbeit zu machen.

Dennoch riefen wenige Wochen darauf am Diensttelefon des Kindergartens bereits Bewerberinnen an, die sich um die Leitung des Kindergartens bemühten, obwohl die Stelle besetzt und weder inoffiziell noch offiziell ausgeschrieben worden war. In dieser Güteklasse erlebten wir, erlebte insbesondere meine heutige Frau, noch eine ganze Reihe von Vergleichbarem. Wir hätten uns mehr Respekt gewünscht. Diesen Respekt zollt die Öffentlichkeit im Nachgang oft dem mutigen und ehrlichen Expriester, der für seine große Liebe alles aufgegeben hat. Dieser Respekt gebührt mindestens in gleicher Weise aber den Frauen dieser Expriester.

Coffeeshopper

Doch zunächst hatte ich die Entscheidung »Nie wieder Seelsorge!« getroffen und machte mich auf die Suche nach einer beruflichen Alternative. Damit beginnen konnte ich allerdings erst, nachdem eine andere, nicht gerade kleine Frage geklärt war: In den letzten Jahren hatte mein Bruder ebenfalls im Pfarrhaus gewohnt. Dort konnte er nun natürlich ebenfalls nicht mehr bleiben. Also galt es, für ihn etwas Passendes, ein neues Zuhause zu finden. Durch meine Entscheidung stieß ich ihn zwar nicht ins kalte Wasser, wohl aber in eine Form der Eigenständigkeit, die er bis dahin nicht gekannt hatte. Dank der unkomplizierten Intervention einer befreundeten Therapeutin fand sich die Lösung viel schneller als erwartet. Das ist auch eine Erfahrung aus dieser Zeit: Mir und uns wurde zwar die Hilfe nicht angeboten wie das sprichwörtliche saure Bier, aber diejenigen, die sie anboten, gaben sie auch wirklich. Und aus den allermeisten dieser Aktionen entstand etwas richtig Gutes. So auch bei meinem Bruder: Er hat sich nicht nur mit der veränderten Situation abgefunden, sondern es geschafft, für sich und seine Persönlichkeitsentfaltung Gewinn daraus zu ziehen.

Ich selbst folgte erst einmal meinem Bauchgefühl, das sagte: »Mach dich selbstständig! Und mach was, woran du in der Herzenskammer schon immer mal gedacht hast.« Denn da gab es tatsächlich etwas: Ein Café zu haben, das war schon immer ein Traum von mir gewesen. Aber kein normales mit Kaffee und Kuchen, sondern etwas Besonderes, mit besonderem Kaffee. Fragen Sie mich bitte nicht, wo denn dieser Traum in mir seinen Ursprung haben könnte. Ich weiß es bis heute nicht. Zwar mochte ich Kaffee, doch war ich eher ein unterdurchschnittlicher Kaffeekonsument. Auch hatte ich mich mit diesem Thema noch nicht wirklich beschäftigt. Arabica und Robusta waren mir damals vollkommen fremd. Auch meine Kenntnisse in Betriebswirtschaft waren nicht wirklich geschult, wenngleich ich mit Intuition meine bisherigen Non-Profit-Unternehmen alle ordentlich geführt hatte.

Meine Partnerin und ich klapperten mögliche Standorte ab und informierten uns über Geschäftsmodelle und Franchiseverträge, während uns die finanziell abgesicherte Zeit (das waren bei mir nur ein paar Monate) wie Sand zwischen den Fingern zerrann. Hinzu kam, dass mein finanzielles Polster nicht gerade üppig war. Zwar werden ja immer wieder Summen genannt, wie hoch das Einkommen eines Pfarrers sei, doch die meisten der mir zugetragenen Vermutungen überstiegen das tatsächliche Einkommen bei Weitem.

Doch auch hier erlebte ich wahre Freundschaft. Während meines kirchlichen Exodus hatten mir ein paar Menschen die Bereitschaft signalisiert, eventuelle finanzielle Engpässse abzumildern und gegebenenfalls zu überbrücken. Als wir nun eines Tages wirklich einen Coffeeshop gefunden hatten, der zum Kauf angeboten wurde, standen diese Menschen sehr großzügig zu ihrem Wort. Ohne dass ich meinerseits eine andere Sicherheit als mein Wort anbieten konnte, stiegen sie in die Finanzierung mit ein.

So erwarb ich also diesen Coffeeshop in Ingolstadt. Mich begeisterte, dass dort nicht nur Kaffee ausgeschenkt, sondern Spezialitätenkaffee aus einer kleinen Privatrösterei verkauft wurde. Diese Verbindung fand ich super. Die Vorstellung, den ganzen Tag nur Milchschaum zu produzieren, hätte mich nicht überzeugt, aber zusätzlich ein echtes Kaffeegeschäft zu führen, gefiel mir sehr. So begann ich eine Baristaausbildung, ließ ich mich also zum Kaffeeexperten »um«schulen. Das machte richtig Spaß: Nachdem irgendwann dann auch der erste Cappuccino so war, dass nicht nur mein »Lehrer«, sondern auch derjenige, der ihn serviert bekam, vollauf zufrieden war, hatte ich richtige Erfolgserlebnisse. Nach und nach lernte ich die Geheimnisse der Kleingastronomie kennen: Aufbewahrung von verderblichen Lebensmitteln, Umgang mit unkomplizierten und (wenigen) komplizierteren Gästen, rechtzeitige Bestellung von Nachschub, Geschirr spülen, Küche putzen, Toilettenreinigung und so weiter und so fort. Nicht alles machte die gleiche Freude, aber in der Summe war zumindest der Spaßfaktor vollkommen o.k.

Finanziell sah das anders aus. Das hatte einer meiner Freunde und Professor für Betriebswirtschaftslehre bereits nach einem flüchtigen Blick über die Bilanzen der letzten Jahre prognostiziert. Hätte ich ihm geglaubt, hätte ich die Finger von diesem Geschäft lassen müssen. Ich wollte aber meinen Coffeeshop und zwar genau diesen.

In punkto Geld war das vielleicht nicht die beste Entscheidung meines Lebens, aber menschlich war diese Zeit sehr wertvoll. Was mich schon immer motiviert hatte, das intensivierte ich nun: So wie es für mich nie eine Selbstverständlichkeit gewesen war, dass irgendjemand am Sonntag in die Kirche kam, so war es nun auch nicht selbstverständlich, dass die Menschen ihren Kaffee ausgerechnet bei mir trinken und anschließend auch noch kaufen wollten. Ich verstand sofort, was mit dem Begriff »Alleinstellungsmerkmal« gemeint war. Kaffee und »was noch?« war die Frage. Die Antwort darauf hieß im weitesten Sinne »Seelsorge«.

Ich nahm dazu mitten im Coffeeshop eine meiner Kernkompetenzen zur Hand: die Empathie. Unser Gegenüber lässt uns erkennen, wie es ihm geht, davon bin ich zutiefst überzeugt. Wir entscheiden in jeder Begegnung, ob wir davon etwas mitbekommen möchten oder nicht. Dabei ist der Ort nebensächlich. Geht es einem Menschen gut, dann atmet er das in der Kirche genauso aus wie in einem Café, in einem Autohaus oder auch beim Finanzamt. Ich spürte auch hinter meiner Ladentheke die Stimmungen und Schwingungen, wenn Kunden ihren Lieblingskaffee kauften oder einfach einen Espresso trinken wollten. Oft ist es ein einziger Satz, eine kurze Frage, die dem anderen signalisiert: Du wirst wahrgenommen und hast die

Chance, etwas zu sagen, etwas loszuwerden – wenn du möchtest. Das ist der springende Punkt: »Wenn du möchtest!« Seelsorge hat nichts mit Aushorchen zu tun, sie signalisiert die Bereitschaft zur Anteilnahme, wenn der Angesprochene das will.

So begegnete ich meinen Kunden, die ja von meiner bisherigen Lebensgeschichte nichts oder nur sehr wenig wussten. Ich glaube, es war wirklich eine gute Atmosphäre in meinem Laden – bis heute kommt da noch von Zeit zu Zeit ein Echo.

Das hätte gerne so weiterlaufen können, doch es ging nicht. Bei aller Schufterei blieb einfach nicht genug übrig, um davon leben zu können, das zeigte sich ziemlich bald.

Etwas musste sich ändern. Meine Frau schlug vor, dass ich das Kaffeerösten auch noch lernen solle. Das hätte uns von unserem Lieferanten unabhängig gemacht und die Gewinnspanne erheblich vergrößert. Aber das wollte ich nicht. So sehr ich Kaffee mochte und den Coffeeshop lieb gewonnen hatte, ich spürte, dass ich nicht nur noch Kaffee machen wollte. Die Alternative war, mir einen Zusatzverdienst zu suchen. Ich erwog sogar, zusätzlich nachts Backwaren auszuliefern.

In diesen Zeiten kam mir etwas sehr nah, was ich aus meiner Pfarrerzeit kannte – damals allerdings aus der Beobachterrolle: Pfarrhäuser sind auch Orte, wo Menschen um eine kleine Unterstützung betteln. (Ich würde gerne ein charmanteres Wort gebrauchen, aber keines beschriebe es wirklich treffender.) Ich habe immer die Haltung eingenommen, dass die Menschen, die zu uns an die Pfarrhaustür kamen, einen kleinen Betrag erhalten sollten. Das nötige Geld dafür stand uns immer zur Verfügung, denn es gab Gemeindemitglieder, die mir bisweilen bei Besuchen welches zusteckten mit der Bemerkung: »Sie wissen schon, wo sie das richtig verwenden.« Ich »leistete« mir mit diesem Geld ein Stückchen Großzügigkeit gegenüber den Bedürftigen. Die Vorstellung, ihnen einen Imbissgutschein oder Ähnliches zu geben, fand ich unwürdig. Natürlich wusste ich nicht, ob sie sich für die Gabe – wie allgemein angenommen – Alkohol kauften. Aber sie waren Menschen, die in meinen Augen auch und gerade in ihrer Situation einen Rest an Selbstbestimmung behalten sollten.

Worauf ich hinaus will? Im Lauf der Jahre wurde der allwöchentliche Bettlermittwoch zu einer erschreckenden Offenbarung. Die Karriere nach unten, der scheinbar unaufhaltsame Abstieg war diesen Menschen deutlich anzusehen. Man konnte erkennen, wer »neu« auf der Straße war und musste dann miterleben, wie die Obdachlosigkeit Menschen einander sehr ähnlich machte. Das war das Äußere, unschwer Sichtbare. Was sich im Inneren abspielte, was der Grund für diesen Fall durch alle Netze war, das konnte ich nur erahnen.

Dieses Bild hatte sich mir wirklich ins Herz gegraben und warf nun auf einmal, wo es bei uns finanziell ungemütlich wurde, Angstgespenster an die Wand.

Aber war Backwaren ausfahren tatsächlich ein Ausweg aus der Angst? Und falls ja, war er der Einzige?

Meine Freunde und auch meine Eltern hatten schon bei meinem Ausstieg gehofft, dass ich ins neue Leben ein Stück vom alten mitnehmen würde. Ausnahmslos alle sagten damals: »Mensch, Thomas, also irgendwas mit Seelsorge solltest du auf jeden Fall machen.« Es war – wie so häufig – dann allerdings ein Außenstehender, der den Ausschlag gab, Seelsorger zu bleiben oder es vielleicht sogar jetzt erst richtig zu werden. Es war der Fernsehpfarrer Jürgen Fliege. In der Zeit des Übergangs hatte ich alles daran gesetzt, um einen Gesprächstermin bei ihm zu bekommen. Ich wollte nicht sein Interviewpartner sein, nein, ich wollte seinen Rat und nach Möglichkeit seine Hilfe. Was mich am Modell Fliege faszinierte, war, dass er einen Weg gefunden hatte, Seelsorge außerhalb der Kirche zu etablieren. Ich war mir sicher, er würde mir irgendwie helfen können. Seiner Sekretärin ging ich so lange auf die Nerven, bis ich zusammen mit meiner Partnerin einen Gesprächstermin bekam. Eine Fernsehaufzeichnung war vorangegangen. Herr Fliege gab nach der Begrüßung ein relativ knappes Zeitfenster vor, das er aber im Gespräch sehr viel weiter öffnete. Er hörte interessiert zu und nahm offensichtlich eine ganze Menge wahr. Zum Ende des Gesprächs monierte er zwar mein zu biederes Erscheinungsbild, sagte dann aber vor allem: »Sie sind wirklich ein Seelsorger. Bleiben Sie das auch, und ich schau, was ich für Sie tun kann.« Und genau dieses Versprechen hat er gehalten, indem er Kontakt mit einigen besonderen Bestattern aufnahm und sich dafür einsetzte, dass ich dort eine Chance als Trauerredner und Trauerbegleiter bekommen würde. Und bei einem von ihnen öffnete sich dank dessen tatsächlich eine Tür für mich.

In den Wochen, als sich abzeichnete, dass mein Traum vom Coffeeshop zwar Wirklichkeit geworden war, aber ich ihn offensichtlich größer, in attraktiverer Lage und unter besseren Einkaufsbedingungen hätte träumen müssen, um damit meine Existenz sichern zu können, dachte ich immer wieder an Herrn Flieges Worte: »Sie sind wirklich ein Seelsorger. Bleiben Sie das auch.«

Vielleicht war das eine Art »Trauerzeit«, die ich zu durchleben hatte? Eine Zeit, in der ich von der Institution und dem Rahmen Abschied nehmen konnte und musste, die für mich selbstverständlichster, ja, einziger Ort für Seelsorge gewesen war: die Kirche. Und so, wie

viele Ehepartner unmittelbar nach einer Scheidung beschließen, dass sie »niemals« wieder heiraten werden –
und es dann doch noch einmal tun, so war es wohl auch
bei mir. Von »kirchlicher Seelsorge« hatte ich mich schei-
den lassen, aber Seelsorge schien mir auf einmal wieder
attraktiv.

Der Gedanke, Seelsorge neu, außerhalb des kirchlichen Kontexts zu definieren, faszinierte mich. Aber es
war auch viel Angst vor dem mächtigen »Gegner« Kirche
dabei: Wie würden die wohl reagieren, wenn so ein »ent-
laufener Einzelkämpfer« sich hinstellen würde und Seelsorge – und das auch noch gegen Bezahlung – als Dienstleistung anböte?

Geht Seelsorge ohne Kirche? – Ja!

Wer versucht, Seelsorge losgelöst von Kirche zu betreiben,
der wird schnell als Revoluzzer bezeichnet. Auch ich habe
das in den letzten Jahren immer wieder gehört, meist war
es als eine Art Kompliment gemeint. Doch ich wollte nie
einen Aufstand anzetteln und mich auch nicht gegen
kirchliche Seelsorge empören.

Ich möchte Seelsorge einfach neu definieren und ihr
damit den Platz geben, der ihr in meinen Augen zukommt.

Das bedeutet auch, ein Stückchen Seelsorgetheorie
zu entwerfen und zu erklären: Seelsorge und Kirche werden noch immer wie selbstverständlich gleichgesetzt. Als
ich in den Planungen zu meiner »Freie Seelsorge« stand,
sagte mir eine Frau, für deren verstorbenen Mann ich die
Trauerfeier gestaltet und die im Anschluss einige Stunden
»Trauerbegleitung« bei mir in Anspruch genommen hatte: »Seelsorge? Das klingt mir zu sehr nach Kirche. Da

werden Sie mich wohl nicht mehr sehen!« Kirchen und kirchliche Gemeinschaften glauben sich in der Tat mit dem göttlichen (Allein-)Auftrag ausgestattet, Seelsorge anzubieten und zu leisten.

Ich nenne diese Art von Seelsorge systembezogen, da sie seitens des Empfängers die Akzeptanz eines kirchlich verkündeten Systems voraussetzt. Dass diese Akzeptanz im Schwinden begriffen ist, belegen folgende Zahlen: Jahr für Jahr treten aus den beiden großen christlichen Kirchen zwischen 200.000 und 500.000 Menschen aus. 500.000 waren es allerdings nur im Jahr 1992, als der Solidaritätszuschlag eingeführt wurde, aber auch in einem ganz »normalen« Jahr wie 2003 beliefen sich die Aussteiger auf mehr als 300.000 Menschen. Es geht es also nicht um eine Randgruppe, und es geht auch definitiv nicht nur ums Geld.

Natürlich werden sich viele dieser 31 Millionen nicht als potenzielle Empfänger von Seelsorge betrachten.

Doch was suchen Menschen denn, wenn sie verlassen werden? Wenn sie ihr Leben einfach chaotisch finden und ein Stück Struktur und Orientierung zurückhaben wollen?

Und was suchen diese Menschen, wenn auf einmal jemand stirbt und Abschied, Loslassen und Neubeginn alleine zu schwerfallen?

Sie brauchen keinen Arzt, auch wenn sie häufig da landen, und sie brauchen auch keinen Psychoanalytiker, denn sie sind nicht krank. Sie brauchen Seelsorge, wenn auch die Begrifflichkeiten manchmal anders gewählt werden.

Wenn man diesen markttechnischen Begriff überhaupt verwenden darf: Der »Bedarf« an Seelsorge ist vorhanden, und er ist riesig! Die Zahl der Menschen, die diese Form von Hin- und Zuwendung brauchen und wollen, ist groß: innerhalb und außerhalb von Kirchen und kirchlichen Gemeinschaften. Doch wie erhält der Seelsorge, der sie sucht?

Die klassischen »Vertriebswege« wie Kirchengemeinde und Pfarrbüro sind hinlänglich bekannt.

Ein Blick ins Telefonbuch hilft nicht weiter, dort gibt es keinen Eintrag zum Thema »Seelsorge«.

Googelt man schließlich Seelsorge im Internet, landet man sofort bei der Telefonseelsorge. Fällt es jemandem ein, tatsächlich nach »freier Seelsorge« zu suchen, dann stößt er in der Suchmaschine auf ein paar Exoten wie mich und ein paar Kolleginnen und Kollegen, die tapfer der Versuchung widerstehen, sich der Einfachheit halber Coach zu nennen.

Trotz Google ist die Suche nach dieser Dienstleistung (und genau dieser Begriff trifft zu) in mehrfacher Hinsicht ein Hindernislauf. Das erste Hindernis liegt häufig im Suchenden selbst. Er spürt, dass er etwas braucht, doch er kann es nicht begrifflich fassen. Spricht er dieses Bedürfnis gegenüber einem Arzt oder auch im Freundeskreis an, wird er wohl in den seltensten Fällen an einen Seelsorger verwiesen. Im günstigsten Fall wird ihm zu einer »Therapie« geraten werden. Bei diesem Rat werden viele Suchende abrupt ihre Suche beenden, denn: Wer eine Therapie braucht, ist krank. Traurigkeit, Unentschiedenheit oder Ratlosigkeit sind aber nicht automatisch Krankheitssymptome. Sie können Indizien dafür sein, dass eine Änderung ins Leben getreten ist, die anzunehmen und zu integrieren allein sehr schwerfällt. Ein klassischer Bedarf an seelsorglicher Zuwendung!

Für diejenigen mit einer kirchlichen Heimat ist meistens klar, dass der vor Ort tätige Mitarbeiter seiner Kirche auch automatisch sein Seelsorger oder seine Seelsorgerin ist. Ich wünsche ihnen, dass sie dort auf Menschen mit seelsorglicher Kompetenz und der damit verbundenen Wertschätzung stoßen.

Dann stellt sich aber noch folgende Frage: Aber was ist mit den Nichtbeheimateten, den Konfessionslosen und Ausgetretenen, denen, die sich vielleicht als Atheisten bezeichnen?

Ich will für sie keine neue Kirche bauen, nein, wirklich nicht. Aber ich möchte für sie da sein: Dann, wenn es um den schönsten Tag im Leben geht, und das ist für viele immer noch die Hochzeit. Aber auch, wenn es um den schlimmsten Tag im Leben geht: Das ist meistens der Tag, an dem der Lebenspartner stirbt bzw. der, an dem seine Beerdigung ansteht.

Vielen Menschen durfte ich schon begegnen und nach wie vor freue ich mich auf jede menschliche Begegnung. Dabei frage ich nie danach, warum jemand nicht (mehr) in der Kirche ist, das geht mich nichts an. Trotzdem bekomme ich es aber häufig ungefragt erzählt: Bis jetzt war keiner dabei, dem es ausschließlich – wie ja immer unterstellt wird – um das Einsparen der Kirchensteuer geht. Und ich bin auch noch keinem gänzlich unspirituellen Menschen begegnet: Selbst die hartgesottensten Diesseitigen sind Menschen, die offen sind für Zuspruch, Anteilnahme und Sinnfragen! Natürlich, die meisten von ihnen würden bestreiten, in dieser Hinsicht »Bedürftige« zu sein. Kommen sie jedoch mit einem spirituell-seelsorglichen Impuls in Kontakt, saugen sie diese Gedanken auf wie eine ausgedörrte Pflanze das Wasser.

Und damit stellte und stellt sich mir eine unheimlich wichtige Frage: Wie kann ich auf mein Angebot für diese Menschen aufmerksam machen? Und wann ist es für sie attraktiv? Das ist zwar auch, aber keinesfalls ausschließlich eine Marketingfrage.

Freiflug oder freier Fall

Wenn man ein Projekt angehen möchte, ist die entscheidende Frage im Grundzug immer gleich: Brauchen die Menschen das, was ich kann und anbieten möchte?

Wenn man eine Idee, eine Vision hat, sich diese aber momentan als unrealisierbar erweist, dann gehört sie in die innere Warteschleife. Niemals gehört eine Vision, die im Herzen eines Menschen geboren worden ist, in die innere Entsorgungsanlage. Visionen sind meist angestoßen durch eine innere Stimme, die aus unserem ureigensten Wissen gespeist wird, warum und wozu wir auf dieser Welt sind. Wer das für sich und sein Leben erkannt hat, der ist ein ganzes Stück weiter.

Meine eigene Vision und damit auch meine ureigenste Berufung sind mir immer klarer geworden: Seelsorger zu sein – unabhängig von Religion und Glaube. Und je länger und intensiver ich diese Visionen in mein Denken und Fühlen einbezog, desto weiter und bunter wurde das Bild von dem, was Seelsorge sein kann. Dabei ist mir klar, dass Seelsorge spontan leider zuerst mit den schweren Ereignissen des Lebens verbunden wird. Aber Seelsorge umfasst sehr viele Bereiche des Lebens.

Für den Seelsorger ist das manchmal ein echter emotionaler Spagat: Die Menschen, die trauern, sind voll von Verlust und Schmerz. Hochzeitspaare wollen damit naturgemäß nicht in Berührung kommen. Der Mensch, der um seine Beziehung kämpft, hat etwas von beidem in sich. Und schließlich: Klingt nicht in Worten wie »Nachhaltigkeit« und »Value«, die in der Wirtschaft zumindest gerne ausgesprochen werden, seelsorglicher Bedarf an? Ich bin mir diesbezüglich absolut sicher. Nur dieser Zweifel nagt manchmal an mir: Ob ich wohl genug Kraft dafür habe?

Es hat tatsächlich etwas von einem Freiflug, der sich an manchem Tag gar wie ein freier Fall anfühlt. Denn Seelsorge ist ein mehrdimensionaler Prozess, der auch gleichzeitig zu bearbeiten ist. Da ich mir ja vorgenommen habe, nicht nur einfach ein bisschen Parallel-zur-Kirche-Seelsorge anzubieten, sondern dieses Thema neu zu denken, gilt es, Bewusstsein dafür zu schaffen. Zu ermutigen, das ist ja so etwas wie mein Tagesgeschäft. Wenn es gar darum geht, Menschen Mut zu machen, ihren Visionen eine Chance zu geben, dann muss ich einräumen: Diesbezüglich bin ich immer wieder einmal selbst mein bester Kunde.

Dann kommt natürlich hinzu, dass Seelsorge ganz praktisch gewünscht werden muss, dass Menschen dafür Interesse zeigen oder Bedarf anmelden müssen. Und schließlich gibt es noch ein Thema, dessen Hindernischarakter nicht zu unterschätzen ist: Das Honorar, also das Geld. Warum will ich für etwas Geld bekommen, was es an anderer Stelle vermeintlich gleichwertig umsonst gibt?

Schmunzeln musste ich in diesem Zusammenhang, als ich auf der Homepage einer Kollegin aus dem Trauerhilfebereich las, dass das, was sie tue, eine der Arbeit eines Rechtsanwaltes und ähnlicher Berufsgruppen vergleichbare Dienstleistung sei. Was bei diesen Dienstleistungen selbstverständlich sei, nämlich eine Rechnung für die getane Arbeit auszustellen, stehe ihr doch wohl auch zu. Sie hat das inzwischen von ihrer Homepage entfernt; es war zwar richtig, aber nicht gerade klientenoptimiert formuliert.

Sollte ich deshalb nicht vielleicht eher auf den Begriff Seelsorge verzichten, weil er Kostenlosigkeit vermuten lässt? Diesbezüglich erhielt ich ungefragt viel gut gemeinten Rat: »Institut für Lebenscoaching«, am besten aber etwas Esoterisches, das würde sich sicher am leichtesten verkaufen lassen. Na bravo, dachte ich mir, genau das, was ich immer schon wollte. Ich entschied mich gegen diesen Vorschlag und für den Ecken-und-Kanten-Begriff »Praxis für Freie Seelsorge«. Wissend, dass er sich vermutlich nicht einmal am zweitbesten verkaufen lassen würde. Dafür, und das ist mir ungleich wichtiger, war und bin »ICH« das.

Mein Seelsorgerdasein – neu gedacht und ausprobiert

Ermutigt zum Schritt in die freie Seelsorge hat mich auch mein Arbeitszeugnis, das ich mir anlässlich meines Abschieds vom Pfarrerleben erbeten hatte. Während zum Beispiel der Bereich »Umgang mit Vorgesetzten«, der im Kirchendeutsch »Verhalten gegenüber dem Hochwürdigsten Herrn Bischof« heißt, mit einem schwachen »Gut« benotet wurde, erhielt ich bei allem, was mit Seelsorge zu tun hatte, vor allem aber im Hinblick auf meinen Einsatz für Menschen in innerer Not, die berühmte »Eins mit Sternchen«.

Dieses Arbeitszeugnis war mir wichtig. Nicht zuletzt deshalb, weil es nach einigem Hin und Her ein gerechtes Zeugnis geworden ist. Einen Abschiedsprozess emotional engagiert, schließlich aber auf eine faire Art und Weise zu Ende zu führen, macht den Verlust aushaltbarer und den Neubeginn unbelasteter.

Letztlich gilt das bei etwas Normalem wie einem Arbeitsplatzwechsel in sehr ähnlicher Weise wie bei etwas Erschütterndem wie dem Tod eines geliebten Menschen. Ich frage mich, ob nicht der Verlust des Arbeitsplatzes für einen Fünfzigjährigen in gewisser Weise der Konfrontation mit dem Tod vergleichbar ist. Mit dem Verlust des Arbeitsplatzes erleben nicht wenige Menschen, dass ihrem Leben etwas genommen wird, was ihm sehr viel Sinn und Würde gegeben hat. Und noch mehr frage ich mich, ob ein Neuanfang für diesen Menschen nicht insgesamt leichter würde, wenn er einen ordentlichen und begleiteten Trauerprozess erleben dürfte, in dem ihm aufgehen würde, welchen Anteil er vielleicht auch selbst daran hatte, dass ein Arbeitsplatz nun nicht mehr da ist und welche anderen Anteile, auf die er keinerlei Einfluss hatte, es sonst noch gibt?

Zurück zu meinem Arbeitszeugnis: In den ersten Monaten nach meinem Kircheausstieg, in denen ich parallel zum Coffeeshop auch nach einer Festanstellung in anderen Berufsfeldern suchte und das »Nein danke!« zum täglich gehörten Standardsatz avancierte, war es zunächst so etwas wie ein Rettungsring, der einen Rest an »Selbstvertrauen« bewahren half. Irgendwann wurde es mir dann zur Ermutigung, fast zur Aufforderung, auf jeden Fall das »Seelsorgefeld« weiter zu beackern, lief ich doch offenbar im Umgang mit Menschen in Krisensituationen zur Höchstform auf.

Dabei verstehe ich Krise im Sinn der bekannten Definition von Max Frisch so: »Die Krise ist ein produktiver Zustand. Man muss ihr nur den Beigeschmack der Katastrophe nehmen.« Und wenn ich dazu noch meine Restkenntnisse Altgriechisch ausgrabe, dann erinnere ich mich, dass Krise auch mit Beurteilung und Entscheidung übersetzt werden kann. So kann sogar ein Heiratsantrag als Teil eines »Krisenmanagements« verstanden werden: Schließlich setzt er doch ganz sicher mehr als eine wichtige Entscheidung voraus.

Eine Entscheidung, die ich nach wie vor immer schwierig finde, ist, auf jemanden zuzugehen und zu sagen: Es gibt mich und ich glaube, dass mein Angebot gut zu dem passt, was Sie anbieten. Ein in unzähligen Basiskursen

»Motivation« propagierter Leitsatz ist: Verschaff dir ein Erfolgserlebnis, dann sind die nächsten Schritte einfacher.

Das hieß für mich: Such dir jemand, der dir wahrscheinlich keinen Korb geben wird. So fiel meine Wahl auf eine Bestatterin in Augsburg, die ich noch aus Pfarrerszeiten kannte. Ich hatte immer schon ihre umsichtige und menschliche Art gemocht, wenn sic mit Angehörigen ins Gespräch kam und eine oder einen Verstorbenen versorgte (so heißt das tatsächlich!). Ich erinnere mich noch, dass ich eine ganze Woche brauchte, bis ich genügend Mut hatte, um sie anzurufen. Gut, dass sie mich bei diesem Gespräch nicht sehen konnte. Meine Hand zitterte derart, dass ich während des Telefonats befürchtete, der Hörer könnte mir aus der Hand fallen. Doch ich glaube, dass sich in diesem Moment auch etwas ungemein Wichtiges in meinem Kopf vollzog: Ich war und bin davon überzeugt, dass es etwas Gutes und Wertvolles ist, was ich in mir trage und weitergeben darf, ja muss. Diese Überzeugung und dieses Bewusstsein sind nach wie vor meine inneren Helfer, wenn ich wieder einmal ein wenig innere Unterstützung brauche, um in das kalte Wasser »Akquise« hineinzuspringen. Im konkreten Fall allerdings stellte sich das Wasser als angenehm temperiert heraus. Die Bestatterin machte mir einen Terminvorschlag für ein persönliches Gespräch, das kurz darauf stattfand. Ich druckste ein wenig herum und stolperte eher von Wort zu Wort, als das ich Small Talk machte. Ich stieß auf sehr viel Verständnis und bekam eine Chance zugesagt. Schon wenige Tage später rief mich eine Mitarbeiterin an und sagte: »Herr Pfarrer, ach Entschuldigung, Herr Multhaup, wir hätten da einen Auftrag für Sie.« Komisch, all das, was ich seit beinahe eineinhalb Jahrzehnten selbstverständlich getan hatte, fühlte sich trotzdem ganz neu an.

Was, wenn ich das Gespräch mit den Angehörigen nicht gut führen würde?

Ob ich wohl den richtigen Ton träfe? Denn bis jetzt hatte ich ja nur Menschen beerdigt, die der Kirche angehörten und deren zugewiesener Kirchenvertreter ich war.

Und: Sollte ich fragen, ob ein Gebet gesprochen werden soll oder nicht?

Schließlich: Was würde ich tun, wenn die Angehörigen nach einem buddhistischen Text fragten?

Auch heute, einige hundert Trauerfeiern später, klingen – mit bedeutend weniger innerem Druck – die gleichen Fragen an, wenn ich den ersten Kontakt mit den Angehörigen eines verstorbenen Menschen herstelle. Ich möchte von Anfang an offen sein für Ausgesprochenes und Unausgesprochenes, für das, was sich Angehörige in ihrer Situation wünschen und was darüber hinaus der verstorbenen Person entspricht. Wenn ich all das wahrgenommen habe, dann kann ich substanzielle Vorschläge machen, dann kann die Trauerfeier zu einem wirklichen Bestandteil dessen werden, was mit Trauerarbeit gemeint ist.

Individualität statt Standard – von dem, was Menschen in der Trauer brauchen

Wenn ein Mensch stirbt, dann brauchen die Trauernden unser Beileid und unser Mitgefühl, so lassen es die entsprechenden Redewendungen vermuten. Aber stimmt das? Ich bin mir da gar nicht so sicher, weil ich oft erlebe, dass sie ganz andere Dinge zuerst brauchen. Zum Beispiel einen Nachbarn, der sich anbietet, die Briefmarken zu besorgen – und das unverzüglich, damit die Trauerdrucksachen rechtzeitig bei den Empfängern sind.

Ich mag das Wort Beileid nicht mehr. Es ist zur Standardformel degeneriert, obwohl es ein so ungewöhnliches und schönes Wort ist. »Ich bin bei dir in deinem Leid«, das will es sagen, doch wie häufig entspricht das wohl den Tatsachen?

Mir gefällt deshalb seit Langem das Wort »Trost« deutlich besser. Ursprünglich bedeutet Trost so viel wie »innere Festigkeit«.

Meine Begegnungen mit vielen Menschen, die einen Verlust erfahren haben, ließ mich derweil dafür sensibel werden, dass es für den Weg zu erneuter innerer Festigkeit keinesfalls Stereotypen oder Allgemeingültigkeiten gibt. Wer das verinnerlicht, der wird sehr schnell merken, dass die in diesem Zusammenhang häufig verwendeten Sätze wie »Das wird schon wieder!« oder »Die Zeit heilt alle Wunden!« oder irgendwelche »frommen Worte« besser unausgesprochen bleiben – zumindest so lange, bis klar ist, ob sie wirklich der inneren Festigung des Trauernden förderlich oder lediglich Ausdruck eines erlernten Standardrepertoirs sind.

In der Trauer Trost zu spenden, seinen Teil dazuzutun, dass der Trauernde langsam wieder zu einer inneren Festigung gelangt, ist nach meinem Empfinden ein Weg, der über Konfessions- und Religionsgrenzen hinweg Menschen in der Trauer zusammenführen könnte. Trauer und Trost tragen grundsätzlich die Möglichkeit in sich, etwas Verbindendes zu sein. Und dies, obwohl wir zumindest die Trauer häufig eher als etwas Trennendes wahrnehmen und der Trost etwas ist, was wir nur dann brauchen, wenn es uns schlecht geht – was wiederum etwas ist, das »mensch« nach Möglichkeit vermeiden sollte. Insofern ist Trostbedürftigkeit nahezu ein Zeichen menschlichen Versagens ...

»Was brauchst du in deiner Trauer?«

Noch vor wenigen Jahrzehnten dachte bei uns niemand über diese Frage nach, denn es gab ein klares Angebot, das die Bedürfnisse weithin abdeckte: Christliche Riten und Symbole waren vollkommen selbstverständlich, und das auch im wahrsten Sinne des Wortes: Die meisten wussten noch, was sie zu bedeuten hatten. Diese Selbstverständlichkeit gilt sicher immer noch für nicht geringe Prozentanteile der Bevölkerung, aber längst nicht mehr für alle. Für die Menschen dieser zweiten Gruppe sind christliche Zeichen vielleicht nicht mehr verständlich, unter Umständen sind sie aber auch Ausdruck einer Welt- und Glaubensvorstellung, die sie ablehnen oder zumindest als nicht stimmig empfinden.

In unserem Land leben inzwischen viele Menschen, die aus ihrem Kulturkreis eine andere Religion und damit auch andere Zeichen und Riten mitgebracht haben. Und auch sind viele Menschen, die sich an keine Religion mehr binden wollen, nicht zwangsläufig ungläubig. Zumindest ist es bei denen so, denen ich nahezu täglich begegne.

Das zeigt sich nicht nur, wenn es gilt, sich von jemandem zu verabschieden, sondern auch in Bezug auf ein anderes Lebensfest, das mir in meiner Arbeit als freier Seelsorger immer wichtiger wird: Namensfeste oder Willkommensfeiern. Dazu ein Beispiel: Ein junges Elternpaar, der Vater geboren in der ehemaligen DDR und dadurch konfessionslos, die Mutter aus Überzeugung vor drei Jahren aus der Kirche ausgetreten, wünscht sich für sein Baby eine Art von Ersatztaufe.

Wieso? Gute Frage! Vielleicht, weil sie die christliche Verwandtschaft der jungen Mutter nicht ganz vor den Kopf stoßen wollen? Das wird als Grund durchaus genannt, allerdings nicht sehr häufig. Oder, weil sie zwar nicht in der Kirche sind, aber doch an ein höheres Wesen glauben? Auch die Antwort kenne ich aus dem richtigen Leben. Schließlich gibt es auch die Paare, die einfach wollen, dass die gute Energie, die in ihrem Familien- und Freundeskreis spürbar ist, bei einer Willkommensfeier nun auch an ihre »Kleinen« weitergegeben wird.

Eine größere Herausforderung und Chance kann ich mir kaum vorstellen. Da sind junge Menschen, die sich meist sehr bewusst dafür entscheiden, Leben weiterzugeben, miteinander Familie zu sein und zu haben. Gar nicht selbstverständlich, wenn man den medial so gern entworfenen Zukunftsszenarien glauben mag. Und wenn das Kind dann da ist, dann soll es nicht nur standesamtlich registriert sein, sondern ... ja, was denn? Nun sind die Eltern damit konfrontiert, sich über ihre Wünsche und Hoffnungen für ihr Kind Gedanken zu machen. Ich bezeichne dieses Nachdenken als »Meditation«, also als etwas zutiefst Spirituelles. Und kommen sie schließlich zu einem Ergebnis, das nicht dem Standard oder der Erwartungshaltung entspricht, sind sie beispielsweise überzeugt, dass der Zuspruch und die Verbundenheit mit den Freunden der Kern ihrer Hoffnungen für das Kind ist, dann bin ich aufgefordert, kreativ zu sein: eine Feier zu entwickeln und zu gestalten, in der ihre Hoffnungen und Wünsche für das Kind sicht- und erlebbar werden. Und möchten dann die christlichen Großeltern Fürbitten an den Gott richten, an den sie glauben, aber ihre Kinder nicht mehr, was spricht dagegen? In meiner Praxis hat es bisher noch keinen einzigen Fall gegeben, wo die Eltern des Kindes das verwehrt hätten.

Oftmals berühren sich eben heute in Familien verschiedene religiöse, philosophische und kulturelle Vorstellungen. Diese lassen sich nicht mehr immer selbstverständlich unter den christlichen Hut bringen. Hier nach Wegen zu suchen, wie sich tradierte christliche Elemente mit anderen Vorstellungen von Lebensdeutung und -hoffnung verbinden lassen, finde ich spannend, schön und freue mich, wenn dann eine stimmige Umsetzung in einer Feier gelingt.

Wie viele Menschen tatsächlich auf der Sinnsuche sind, wird sich vermutlich nicht ermitteln lassen. Doch dass die Notwendigkeit, veränderten Sichtweisen auf Leben, Sterben, Tod und Trauer auch eine entsprechende Umsetzung im Bereich der damit verbundenen Feiern zu geben, groß ist, wird kaum jemand ernsthaft bestreiten wollen. Für viele Menschen sprechen und greifen alte kirchliche Riten und Zeremonien nicht mehr.

Veränderungen in der Trauerkultur

Dass Veränderungen nicht immer einfach zu realisieren sind, gerade wenn es um das Thema »Trauer« geht, davon kann ich einige Lieder singen. Warum das so ist, dazu muss ich ein wenig weiter ausholen.

Wenn in Deutschland jemand stirbt, dann setzt sich eine Maschinerie aus Gesetzen, Vorschriften und Pflichten in Bewegung. Dazu gehört die Bestattungspflicht, eine Vorschrift, die festsetzt, dass jeder Mensch zu bestatten und der dafür Zuständige auch der Kostenträger ist. Des Weiteren muss sich der »Bestattungspflichtige« einen Bestatter suchen, der ihn bei der »Abwicklung« des Trauerfalles begleitet und unterstützt. Zu dieser schier endlosen Vorschriftenreihe gehört beispielsweise auch, dass auf vielen deutschen Friedhöfen geregelt ist, welche Art von Grabmal auf welchem Bestattungsfeld zulässig ist oder auch nicht.

Über die Notwendigkeit der Vielzahl von Verordnungen in diesem Bereich wird auf verschiedenen Ebenen trefflich gestritten. Ich kann viel Sinnvolles erkennen, manches finde ich überflüssig.

Auf jeden Fall aber ist es nicht einfach und als Solist kaum zu schaffen, in einem so mit Pflichten und Gesetzen verschnürten Bereich etwas zu ändern. Was natürlich nicht heißt, dass man es nicht probieren kann. Diese Haltung teile ich glücklicherweise mit einigen anderen in diesem Berufsfeld Tätigen.

Dass es spezielle Angebote für trauernde Kinder und Jugendliche gibt, Trauercafés inzwischen in jeder mittelgroßen Stadt eine Selbstverständlichkeit sind und private Akademien sich für einen neuen Umgang mit dem Sterben, Tod und Trauer engagieren, sind einige von ganz vielen Indikatoren für diesen Prozess. Allerdings erleben nicht wenige der an diesem Veränderungsprozess Mitwirkenden, dass sie automatisch als merkwürdig, esoterisch oder gar nekrophil angesehen werden. Allein die Bandbreite der Unterstellungen lässt erkennen, wie viel an Unwissen, Unsicherheit und auch an Desinteresse bei einem Thema, mit dem unweigerlich jeder Mensch in seinem Leben zu tun bekommt, vorhanden ist.

Meine Arbeit in diesem Veränderungsprozess hat dabei zwei Schwerpunkte:

Zum einen: Wie wird eine Trauerfeier ein guter und wertvoller Teil der Trauerarbeit?

Zum anderen: der »Trauerbegleitung« als wichtiger Lebenshilfe für die Angehörigen das Exotische zu nehmen.

Der Reihe nach: die Trauerfeier.

Was für ein garstiges Wort, bei dem die meisten an kalte Friedhofshallen und Beerdigungen im strömenden Regen denken. Nicht gerade etwas, bei dem man sich darum reißt, dabei zu sein, ebenso wenig beliebt ist die gedankliche Auseinandersetzung damit. Und diese Haltung ist für mich sogar nachvollziehbar.

Deshalb möchte ich mit einer Einladung zum Weiterdenken beginnen. Das Wort »Trauerfeier« besteht ja aus zwei Teilen, aus »Trauer« und aus »Feier«. So wie »Hochzeitsfeier« auch aus zwei Teilen besteht. Und davon möchte ich gerne ausgehen. Was tun Menschen nicht alles, damit der Hochzeitstag ein ganz besonderer Tag, eben ein Feiertag, wird? Einladungen designen und verschicken, Locations suchen und buchen, ein Festmahl arrangieren, die Zeremonie besprechen, Kleidung einkaufen, Fotografen buchen, Haare stylen lassen usw. Ich finde das wunderbar, umso mehr, wenn all das aus Freude und Liebe heraus geschieht und nicht, weil man irgendwelche Erwartungen erfüllen möchte.

Es braucht nicht sehr viel, um zu erkennen, dass bei der letzten Feier des Lebens – und das ist nun eben die Trauerfeier – ähnliche Dinge zu beachten und zu tun sind: Auch hier werden Einladungen verschickt, die Lokalität für den Leichenschmaus ausgesucht, die Feier vorbesprochen, eine bestimmte Kleidung ausgesucht, usw. Was ist hier die Motivation? Pflicht, weil das eben so üblich ist? Das wäre für mich der einzig akzeptable Grund, um überhaupt keine Trauerfeier zu veranstalten.

Geht es in diesem Zusammenhang nicht auch um »Liebe«? Ja, was ist denn Trauer im Angesicht des Todes anderes als der Ausdruck von tiefer und echter Liebe zu einem Menschen, den es loszulassen und von dem es sich zu verabschieden gilt.

Ich finde das Bild sehr stimmig, wonach Liebe und Trauer die Vorder- und die Rückseite der gleichen Münze sind und eine Seite ohne die andere letztlich wertlos ist.

Anders ausgedrückt: Wer wirklich liebt, der hat auch die Fähigkeit, die »Begabung« zur Trauer in sich, und wer wirklich trauern kann, der kann auch tiefe Liebe empfinden und ausdrücken.

Was bedeutet das für die Gestaltung einer Trauerfeier?

Ich finde, dass der Begriff Trauerfeier zu eng geführt wird, wenn er auf die Zeremonien am Tag der Beerdigung reduziert wird. (Ich bleibe beim Begriff Beerdigung, weil er der in diesem Zusammenhang gebräuchlichste Begriff ist, obwohl er korrekterweise wohl nur dann anzuwenden wäre, wenn es sich um eine Erdbestattung oder eine Urnenbeisetzung handelt.) Die Trauerfeier beginnt für mich bereits dann, wenn ein Mensch gestorben ist und seine Familie und die Freunde beginnen, von ihm Abschied zu nehmen. Unter Umständen beginnt sie sogar schon davor, denn Abschied nehmen kann man ja auch von Menschen, die um ihren nahen Tod wissen.

Abschied nehmen! Ich begegne immer wieder fragenden Blicken, wenn allein diese Worte fallen. Was ist damit gemeint? Ganz einfach: sich Zeit nehmen, um dem, der geht, Lebewohl zu sagen. Wenn Menschen nach langer schwerer Krankheit versterben, dann haben ihre Lieben und sie häufig (aber keinesfalls immer!) in den Wochen zuvor immer wieder Abschied voneinander genommen. Klar, das ist unendlich schwer, aber was ist die Alternative? Am Krankenbett eines Menschen zu sitzen, zu wissen, dass sein Leben zu Ende geht und aus gut gemeinter Rücksichtnahme das Thema Sterben auszublenden? Das ist in meinen Augen nur dann wirklich eine Option, wenn das Thema Sterben zumindest vorsichtig angesprochen worden ist und der Kranke signalisiert hat: »Darüber will ich (noch) nicht sprechen!« Dann sind die Angehörigen in der sehr komplizierten Situation, ehrlich und trotzdem rücksichtsvoll zumindest ihren Teil des Abschieds zu versuchen – bei jedem Krankenbesuch, aber auch bei jedem Gedanken, den man dem kranken Menschen schenkt. Und es gilt offen dafür zu sein, wenn bei dem Sterbenden vielleicht ein Sinneswandel eintritt und er oder sie auf einmal doch über den Abschied sprechen oder ihn mit Gesten und Zeichen vollziehen möchte.

Warum das so wichtig ist? Der Blick ins Leben macht das überdeutlich: Wie geht es uns denn, wenn uns jemand einfach stehen lässt, uns grußlos den Rücken zukehrt? Und auf diese Art und Weise soll der endgültige Abschied nach Jahren und Jahrzehnten gemeinsamen Lebens vonstatten gehen? Bitte nicht. Es ist eine Schmerzvermeidungstaktik, die – wenn überhaupt – nur kurzfristig erfolgreich ist. Die Tage und Stunden, in denen man einander von Angesicht zu Angesicht »Danke«, »Ich liebe dich!« oder vielleicht auch noch »Entschuldigung« hätte sagen können, sind mit dem letzten Atemzug eines Sterbenden unwiederbringlich vorbei.

Diese Möglichkeit des bewussten Abschieds in der Sterbephase ist natürlich nicht gegeben, wenn jemand plötzlich verstirbt. Von jetzt auf gleich tritt der Tod ins Leben und verändert fast alles. Ich erlebe Angehörige in dieser Zeit verständlicherweise oft sehr hilflos. Sie sind häufig in ganz eigenen Gedanken gefangen: Wie war das letzte Wort des Verstorbenen? Hat man in den Tagen vor dem Tod irgendwelche Anzeichen übersehen? Aber auch die Angst, irgendjemanden nicht benachrichtigt zu haben, bindet bei nicht wenigen Energien. Gleichzeitig müssen sie Bestattungsvorschriften beachten, Entscheidungen treffen und haben bei all dem häufig Menschen um sich, die sie unterstützen wollen, aber eigentlich zusätzlich Kraft kosten und selbst Trost suchen.

Da die Zeitspanne zwischen dem Eintritt des Todes und der Beerdigung oft nur wenige Tage umfasst, ist es sinnvoll, auf diese Tage als Teil der Trauer gut zu achten und sie als Ganzes als Trauerfeier zu zelebrieren.

Der Auftakt dazu ist, wie bereits angemerkt, der Abschied. Was viele nicht wissen: Dafür haben sie Zeit! Wenn ein Mensch zu Hause stirbt, dann muss er nicht schnellstmöglich auf den Friedhof gebracht werden, man kann, darf und sollte sich Zeit für den Abschied von ihm nehmen. Wie viel Zeit die Angehörigen für diesen Abschied haben, das ist in den meistens von der zuständigen Gemeinde erlassenen Bestattungsordnungen hinterlegt. In vielen Hospizen, Palliativstationen, Krankenhäusern und Seniorenheimen gibt es inzwischen eigene Abschiedsräume, in denen vielleicht nicht nur Angehörige, sondern auch Freunde oder in einem Seniorenheim auch Mitbewohner Gelegenheit bekommen, einen »letzten Blick« auf den Verstorbenen zu werfen.

Ich kenne Sätze wie: »Ich will ihn so in Erinnerung behalten, wie er war!«, mit denen die Notwendigkeit eines Abschieds infrage gestellt wird. Um nicht missverstanden zu werden: Keiner sollte zu etwas gezwungen werden, was ihm total widerspricht. Doch die Sinnhaftigkeit eines persönlichen Abschieds wird kaum noch wirklich angezweifelt. Und wenn es nur darum ginge, zu sehen und dadurch glauben zu können, dass die verstorbene Person wirklich tot ist! Sich selbst zu versichern, dass der geliebte Mensch nicht mehr da ist, dass wirklich kein Leben mehr in ihm ist, ist viel wichtiger, als das oft angenommen wird. In Trauerbegleitungen höre ich Menschen immer wieder sagen: »Ich kann das immer noch nicht glauben, ich denke, dass die Tür aufgeht und er oder sie ins Zimmer kommt.« Das heißt nicht, dass Menschen, die den Verstorbenen

wirklich gesehen oder vielleicht sogar noch einmal ge-
streichelt haben, dieses Empfinden gar nicht kennen würden. Aber sie haben in sich eine Erinnerung, zu der sie in
diesen Momenten immer wieder gehen können. Auch
wenn es fremd klingen mag: Das Bild von einem Verstorbenen gibt ein Stück Sicherheit und reduziert den Zweifel, der uns in der Begegnung mit dem Tod oft so trick-
reich überfällt.

Auch aus einem anderen Grund ist dieser persönliche
Abschied bedeutsam: Er holt den Tod dorthin, wohin er
gehört – ins Leben. Ich bin in dieser Beziehung etwas radikal: Von den schönen Dingen können und wollen wir so
viel wie möglich im Leben haben und unterbringen. Aber
wenn es um Schweres, um Verluste, ums Loslassen geht,
dann sind viele Menschen Hochleistungsakrobaten in der
Verdrängung. Das ist lebensfremd, denn das Leben be-
schert uns täglich Übungen im Annehmen von Verlusten.
Dazu braucht es nicht einmal die großen Wirtschafts- und
Finanzkrisen, sondern nur den nüchternen Menschenver-
stand: Am Ende eines Tages, ja, in jeder Minute, lassen wir
ein Stück unseres Lebens los. Je bewusster man auf diese
simple Wahrheit schaut und mit ihr umgeht, umso hoch-
wertiger kann Lebensqualität werden. Bei der Lebensbe-
trachtung aus dieser Perspektive geht es auf gar keinen Fall
darum, ängstlich darauf zu schauen, dass schon wieder ein
Stück Leben weg ist, sondern achtsam zu sein, aus der eigenen Lebenszeit etwas zu machen.

Sich zu einem Verstorbenen zu setzen und zu sagen:
»Ich nehme mir jetzt Zeit für dich und mit dir, ich erinnere mich an all das, was und wie du etwas getan hast« – das
ist in meinen Augen das kostbarste Denkmal, das man ihm
setzen kann. Automatisch, man kann es an sich selbst erleben, taucht dabei auch das in der Erinnerung auf, was

man von diesem Menschen dauerhaft in sein eigenes Leben mitgenommen hat oder mitnehmen möchte.

Auch die Frage, ob man Kindern eine solche Begegnung, beispielsweise mit dem verstorbenen Opa, zumuten darf, beantworte ich mit einem eindeutigen Ja. Trauerpsychologisch ist auch das inzwischen unumstritten.

Ein Beispiel aus meiner Praxis hat mir das sehr eindrücklich vor Augen geführt: In einer Familie mit gutem Zusammenhalt war die Oma gestorben. Der Ehemann, also der Witwer, und seine Kinder waren sehr bemüht, ihre Trauer vor den Enkelkindern zu verbergen. Aber der größte, der siebenjährige Enkel erfuhr zumindest, dass die Oma gestorben sei. Um das glauben zu können, wollte er sie sehen. Das lehnten seine Eltern und der Opa rundheraus ab, die Oma war nämlich bei einem häuslichen Unfall verstorben und hatte eine leichte Verletzung im Gesicht davongetragen. Nur der Opa hatte sie nach dem Tod noch gesehen, die anderen wollten sie so in Erinnerung behalten, wie sie im Leben gewesen war – bis auf diesen Enkel. Während des Trauergespräches löcherte er mich mit Fragen, die mich seine tiefe Verunsicherung spüren ließen. Die zentrale Frage war immer wieder: »Wie sieht denn die Oma jetzt, wo sie tot ist, aus?« Den Vorschlag, es irgendwie möglich zu machen, dass der Sarg für den Jungen kurz geöffnet wurde und er die Oma noch einmal sehen, anfassen und ihr ein selbst gemaltes Bild in den Sarg legen könnte, wurde kategorisch abgelehnt. Zwei Tage später, einen Tag vor der Beerdigung, riefen mich seine Eltern an und erzählten, der Junge sei zunehmend verstört und unruhig. Mein erneuter Vorschlag – verbunden mit der Zusage, mich vorher davon zu überzeugen, dass die Oma nicht entstellt aussähe – wurde angenommen. Der zuständige Friedhofsmitarbeiter machte es möglich, dass der Sarg vor der eigentlichen Feier nochmals geöffnet wurde. Die Erleichterung dieses Jungen beim Anblick der toten Oma werde ich niemals vergessen. Ich hielt ihn, das hatten wir besprochen, dabei an der Hand, von der er sich aber sofort losmachte, um die Oma zu berühren. Seine Entspannung war wirklich spürbar. Das Größte war aber, dass er zu seiner Mutter lief, sie mehr oder weniger mit zum Sarg zog und ihre verängstigten Gesichtszüge sich beim Anblick der Verstorbenen merklich lösten und sie nun endlich weinen konnte. Die anschließende Beerdigung hatte dank dieses Siebenjährigen etwas Leichtes, Entspanntes.

Abschied nehmen, das kann auch bedeuten, das Waschen des verstorbenen Menschen nicht Fremden zu überlassen – auch wenn diese das professionell tun –, sondern es als das letzte Geschenk, das man ihm leibhaftig machen kann, zu verstehen und es selbst zu übernehmen. Ich kenne viele der geäußerten und ahne ebenso viele der unausgesprochenen Vorbehalte. Begegnen möchte ich ihnen mit folgender Frage: Von wem würde ich denn als Verstorbener lieber gewaschen und angekleidet werden? Von dem Mitarbeiter eines Bestattungsunternehmens oder von Menschen, deren Berührung ich im Leben gemocht, geliebt und sogar gesucht habe?

Ausdrücklich ermutigen möchte ich auch, beim Thema Totenkleidung kreativer als bisher zu denken. Zwar gibt es Vorschriften, dass Verstorbene beispielsweise keine Kleidungsstücke aus Kautschuk oder Gummi, mancherorts auch aus Leder tragen dürfen, weshalb Schuhe und Gürtel nicht erlaubt sind oder bei einer Einäscherung die Kleidung keine Metallteile haben darf, doch mehr Einschränkungen gibt es diesbezüglich kaum. Was spricht also dagegen, den Verstorbenen die Kleidung anzuziehen, die sie am liebsten gemocht haben? Und wer sich das aus persönlichen Gründen nicht vorstellen kann, der hat inzwischen auch die Möglichkeit, bei einem Bestatter sehr viel ansprechendere Totenkleidung zu finden als das »klassische Leichenhemd« aus Leinen.

Es sei an dieser Stelle nochmals die Parallele zur Hochzeit gezogen. Auch hier gibt es keine Standardkleidung mehr: Jahr für Jahr lerne ich bei meinen Trauungen die neuesten Kreationen und die persönlichen Wohlfühlfarben meiner Brautpaare kennen – und freue mich, wenn ich sehe, dass Paare ihren ganz persönlichen Stil auch in der Kleidung ausdrücken wollen. Und im Tod ist »Leinen einfach« oder »Leichenhemd« ein selbstverständlich zu übernehmender Standard?

Es gehört leider zu dem durch Bestattungsfristen oder ortsübliche Gebräuche ausgelösten Druck, dass Angehörige parallel zum Abschied andere Teile der Beerdigung anstoßen, vorbereiten und erledigen müssen. Zu den wirklich wichtigen Fragen, die sich sehr schnell stellen, gehört die, wo denn die Beerdigung stattfinden soll. Wenn es eine Art Familiengrab gibt, ist die Frage schnell beantwortet. Wenn nicht, muss ein Grab gekauft werden, denn in Deutschland gibt es eine Bestattungspflicht. Diese kann zwar mit einigen, beinahe legalen Tricks umgangen werden, aber Fakt ist: Die Pflicht gibt es. Also muss häufig ein Grab neu gekauft werden. Der Begriff trifft die Sache allerdings nicht, denn tatsächlich damit gemeint ist ein zeitlich befristetes Mietverhältnis für eine Grabstätte und deren Nutzung.

Ein Trend der letzten Jahre – ja, so wird wirklich davon gesprochen – ist die anonyme Bestattung. In diesem Fall wird meistens eine Urne auf einem speziell ausgewiesenen Gräberfeld eines Friedhofes beigesetzt, auf dem es keinen Hinweis darauf gibt, wer dort begraben ist. Die

Gründe, die scheinbar für diese Art der Beerdigung sprechen, liegen auf der Hand – und betreffen im Wesentlichen die Kosten. Der »Grabkauf« ist deutlich billiger, die
Folgekosten für die Grabpflege sind gering oder in den
»Anschaffungskosten« enthalten, ein Grabstein oder eine
Gedenkplatte dürfen nicht angebracht werden. So weit, so
gut? Ich weiß nicht. Natürlich sind die Bestattungskosten
ein wichtiges Thema. Aber es sollte ohne Not nicht das
Einzige sein. Wenn ich über Friedhöfe in deutschen Städten gehe, laufe ich bewusst auch immer an den anonymen
Grabfeldern vorbei. Ich tue dies nicht nur aus Neugier,
sondern auch, weil ich dort ein wenig verweilen und den
Menschen, die dort beerdigt sind, einen guten Gedanken
widmen möchte, auch wenn ich weder ihren Namen noch
ihre Lebensdaten kenne. Das tue ich mit dem schlichten
Wunsch, dass sie nach dem Tod das gefunden haben, wonach sie sich im Leben am meisten gesehnt haben.

Ich habe noch kein einziges Feld dieser Art gesehen,
an dessen Rand nicht Kerzen gebrannt hätten, Engelfigu-
ren stünden oder Blumensträuße niedergelegt worden
wären. Die Friedhofsverwaltung drückt diesbezüglich
dann oft ein Auge zu, denn offiziell ist das meist nicht erlaubt. Offensichtlich gibt es doch ein tiefes Bedürfnis, der
Trauer Ausdruck zu verleihen und diese Trauer auch zu
»verorten«. Die Toten brauchen diesen Ort nicht, die Le-
benden schon!

Bei einer der größten Naturkatastrophen der letzten
Jahre, dem Tsunami im Dezember 2004, starben auch viele Touristen. Nach und nach wurden sie identifiziert und
dann in ihre Heimatländer überführt, um dort beerdigt zu
werden. Darunter war auch ein deutsches Ehepaar, das ver-
fügt hatte, anonym bestattet zu werden. Die Überlegungen
waren gut gemeint gewesen; sie wohnten weit von ihren

Kindern entfernt und wollten sie nicht mit der Grabpflege belasten. Der zurückbleibende Partner aber hätte in dem Fall, von dem sie ausgegangen waren, nämlich dass sie einer vor dem anderen sterben würden, immerhin Gelegenheit gehabt, an dem ausgewählten anonymen Gräberfeld seiner Trauer Ausdruck zu geben.

Nun waren sie beide umgekommen, ihr Wille war rechtlich bindend geäußert. Für die Kinder brach eine doppelte Welt zusammen. Nicht nur, dass sie beide Elternteile auf einmal verloren hatten! Nein, sie hatten darüber hinaus auch keine Gelegenheit, ihren Eltern eine Grabstätte zu errichten und dort um sie zu trauern ...

Anstelle der in jüngster Zeit vorgeschlagenen Gemeinschaftsgräber, bei denen auf einer Stele die Namen der Verstorbenen eingeschrieben werden sollen, fände ich es sinnvoll, wenn die Gebührenordnungen der öffentlichen oder kirchlichen Friedhofseigner so geändert werden könnten, dass schöne Grabstätten für jedermann/-frau erschwinglich blieben bzw. würden. Außerdem fände ich es der Würde eines jeden menschlichen Lebens mehr als angemessen, wenn die Gestaltung der Feier an seinem Ende nicht über eine teilweise unwürdige Preis- und Billigheimer-Debatte bestimmt würde.

Wie eine Trauerfeier »schön« wird – die Vorbereitungen

Wenn es irgendwie geht, ziehe ich das persönliche Trauergespräch mit den engsten Angehörigen von Verstorbenen, am besten in dessen Wohnung, einem Telefonat vor. Menschen in einer Ausnahmesituation lernen denjenigen kennen, in dessen Hände sie die letzte Feier für ihren Lieben legen sollen. Und es ist keine Koketterie, wenn ich am Ende des Gespräches frage, ob sie glauben, dass ich wirklich der Richtige für sie und den verstorbenen Menschen bin.

Der Ort, an dem ein Mensch gelebt hat, erzählt zusätzlich zu den gesprochenen Worten von ihm. So wird erkennbar, in welcher Umgebung er sich wohlgefühlt hat, auch Hobbys haben ihren selbstverständlichen Platz in vielen Wohnungen. Über etwas für so viele Menschen so Wichtiges wie Haustiere würde wohl nur selten in einem Telefonat gesprochen werden, in einer Wohnung sind sie sofort präsent.

Und noch etwas anderes wird in einem persönlichen Gespräch häufig wahrnehmbar. Oft werde ich an das Krankenbett geführt, in dem ein Mensch seine letzte Lebenszeit verbringen musste. Für die Angehörigen ist das häufig ganz wichtig, damit ich wirklich mitbekomme, wie sehr dieser Mensch gelitten hat, aber auch um mir nonverbal zu sagen: Wir waren uns in dieser Zeit noch einmal ganz besonders nah!

Und schließlich gibt das Vorgespräch in den vertrauten Räumen Angehörigen ein Stück Sicherheit. Vielleicht klingt es albern, aber das ist es keinesfalls: In einer Zeit, in der, ausgelöst durch einen Trauerfall, in der emotionalen Empfindung kein Stein mehr auf dem anderen bleibt, tut es gut, bei einem Gespräch im vertrauten Sessel sitzen zu können, auch wenn man weinen muss, wenn man auf den leeren Platz des Partners schaut.

Ich gehe in jedes Gespräch mit großer Offenheit und – wenn ich es bestimmen kann – mit ganz wenig Vorinformationen hinein. Mir selbst ein Bild zu machen, mich »beeindrucken« zu lassen, das ist mein Ziel.

Anders ausgedrückt: Ich begebe mich auf Schatzsuche. Und ich werde jedes Mal fündig. Es gibt niemanden, der nicht irgendwo etwas Einzigartiges hatte oder konnte, wirklich niemanden. Um das konkret zu erfahren, muss man Angehörige nur danach fragen. Mit spürbarer Liebe wird erzählt, was für ein toller Schrebergärtner der Opa war, dass die Mama schon immer alles reparieren konnte oder in einer Auseinandersetzung immer diejenige war, die eine Versöhnung dem Rechthaben vorzog. Es berührt mich immer wieder, wenn erwachsene Töchter und Söhne von Kindheitserinnerungen erzählen, die sie mit den Verstorbenen verbinden, oder eine Witwe den ersten Liebesbrief fast schüchtern, aber auch voller Liebe auf den Wohnzimmertisch legt. Zugegeben: Das passiert nicht sehr häufig. Aber wenn ich wirklich so in das Leben einer Familie hineingenommen werde, dann achte ich sehr darauf, vorsichtig mit diesen Vertrauensbeweisen umzugehen. Ein auf den Tisch gelegter Brief bedeutet für mich noch längst nicht: »Lesen Sie ruhig!«, auch wenn das die Angehörigen vielleicht damit gemeint haben. Es ist eben wie mit einem Schatz, auf den man stößt: Da ist man auch zunächst beeindruckt, vielleicht sogar überwältigt und fängt nicht sofort an, daran herumzufingern und im Hinterkopf zu überschlagen, wie viel er denn wohl wert ist, so vermute ich.

Dies versuche ich auch den Angehörigen in solchen Situationen zu spiegeln. Eine Frage wie »Möchten Sie, dass ich diesen Brief wirklich lese?« lässt sie spüren, dass ich nicht in erster Linie da bin, um meinen Informationsbedarf zu decken, sondern, weil ich sie bitte, ein Stück ihres Leben mit mir zu teilen.

Und dann bin ich dran. Nachdem mir viele Jahre die Hände durch ein vorgeschriebenes kirchliches Bestattungsritual gebunden waren, bin ich heute froh, frei und kreativ sein zu dürfen.

Es ärgert mich, wenn ich in diesem Zusammenhang auf solche oder ähnliche Formulierungen stoße: »Letzter Event oder Zeichen der Hoffnung? Bestattungskultur im Umbruch«. Diesen Titel trug eine Veranstaltung, die von einer der hochwertigsten kirchlichen Bildungseinrichtungen als Fachtagung angeboten wurde. Ich lese eine subtile Unterstellung heraus: Kirchliche Trauerfeiern setzen ein Zeichen der Hoffnung, die anderen sind Ausdruck einer Eventkultur. Wenn kirchliche Beerdigungen wirklich die Hoffnung auf ein ewiges Leben zelebrieren sollten, dann bräuchten viele dringend nicht nur ein Facelift. Von der Sprengkraft österlicher Hoffnung ist dabei oftmals nichts oder nur sehr wenig zu hören. Und viel zu häufig kommen vielen Menschen die Worte Sünde, Schuld und Vergebung in den kirchlichen Liturgien und Ansprachen vor.

Abgesehen davon: Gäbe es keinen schöneren Anlass, ein Event zu begehen, als die Hoffnung auf Auferstehung? Diese Abwertung des Event-Begriffs lässt dabei einen wesentlichen Aspekt der Trauerarbeit außer Acht – und zwar einen, der in katholischen Kirchendokumenten in anderem Zusammenhang die »participatio actuosa«, die aktive Teilnahme der an einer bestimmten Feier Beteiligten, genannt wird.

Im Hinblick auf eine Beerdigung kann das beispielsweise eine Gedenkminute, aber auch der Erdwurf am Grab sein. Allerdings: Würde man im Anschluss an eine katholische Beerdigung die Teilnehmer befragen, was sie denn bei der Gedenkminute gedacht, mit welcher Andacht sie das Vaterunser gebetet haben und welche Bedeutung die Schaufel Erde für sie hatte, die sie soeben ins Grab warfen, wüssten wohl die wenigsten noch, dass der Erdwurf etwas mit der Geschichte von Adam und Eva und mit der göttlichen Barmherzigkeit zu tun hat. Und sie müssten zugeben, dass das Vaterunser, das wirklich ein tolles und geradezu lebensveränderndes Gebet sein könnte (z. B. »wie auch wir denen vergeben haben, die an uns schuldig geworden sind«), gedankenlos rezitiert worden ist und dass sie bei der Gedenkminute nach zehn Sekunden, in denen sie in Gedanken wirklich beim Verstorbenen waren, ohne bösen Willen an etwas ganz anderes gedacht haben.

Zeichen jedoch, die nicht verstanden werden, sind hohl, Worte, die ohne Identifikation mit den Inhalten gesprochen werden, werden unter Umständen genau zu jenem Geplapper, vor dem Jesus seine Freunde warnte und ihnen daraufhin das Kurzgebet »Unser Vater« beibrachte.

Für die anschließende Stille brauchen viele Menschen heutzutage einen Impuls, dem sie nachspüren können. Diejenigen, denen Stille vertraut ist, können den Impuls ja geflissentlich überhören, und die echten Herzensbeter werden es vielleicht sogar als Gewinn verstehen, wenn jemand darum bittet, ein Gebet so gut es geht nicht nur mit dem Mund zu sprechen, sondern es auch aus dem Herzen kommen zu lassen.

»Participatio actuosa«, aktive Beteiligung der Angehörigen: Natürlich gebrauche ich diesen Begriff nicht, aber zum Mittun, zur Eigenleistung bei der Vorbereitung und der Gestaltung der letzten Lebensfeier ermutige ich sehr bewusst. Wer sich in welcher Form beteiligt, diese Entscheidung liegt immer bei den engsten Angehörigen. Und dieses Mittun würde vollkommen fehlgedeutet werden, wenn es als eine Art »Ablenkungsmanöver von der Trauer« oder »Beschäftigungstherapie« angesehen würde. Es sind Liebesbeweise, nichts weniger!

Eine kleine Reihe von Beispielen macht deutlich, dass es viele Möglichkeiten gibt, ein letztes Mal »Ich liebe dich!« zu sagen.

Dabei kommt Zeichenhandlungen, Ritualen und Symbolen bei Festen und Zeremonien eine besondere Bedeutung zu, wie ich schon geschildert habe. Sie haben etwas Verbindendes, sprechen andere Sinne an als das Gehör und bringen gerade im Trauerfall Menschen in Bewegung, die angesichts des Todes oftmals wie erstarrt sind. Insofern bin ich grundsätzlich ein Verfechter von Ritualen auch in der Friedhofshalle oder am Grab. Doch nur dann, wenn sie besprochen, nachvollziehbar und freiwillig sind.

Freie Menschen zu nötigen, Dinge in einer Art Gruppenzwang einfach zu tun, widerstrebt mir: »Wir zünden jetzt eine Kerze an!«. Die allermeisten von uns würden sich eine solche Aufforderung im Alltag verbitten oder sie ignorieren. Aber auf dem Friedhof oder am Grab geht das? Vielleicht ist Mitfeiernden eben nicht danach, eine Kerze zu entzünden! Deshalb formuliere ich immer in Einladungsform: »Wem es entspricht, der kann jetzt nach vorne treten und am Sarg eine Kerze entzünden.« Ich habe jedes Verständnis, wenn vielleicht nur die Hälfte der Feiernden diesen Ritus vollzieht oder aber auch alle bis auf zwei.

Dennoch ist es in der oftmals angespannten Situation einer Trauerfeier nicht ganz einfach, sich für oder gegen einen Ritus zu entscheiden. Deshalb ist es sinnvoll, diesen nicht nur anzukündigen, sondern auch zu erklären. Es mögen Selbstverständlichkeiten sein, wenn man sagt, dass Kerzen Licht verbreiten, Wärme geben und irgendwann verlöschen, aber in Ausnahmesituationen brauchen Menschen durchaus eine Erinnerung an diese Selbstverständlichkeiten und möglichst auch eine Anbindung an die Situation. Wieder am Beispiel der Kerze: »Frau ... hatte eine feine Wahrnehmung für Not und Ungerechtigkeit. Sie half, wo immer sie konnte. Auf diese Weise hat sie viel Licht in das Leben anderer Menschen gebracht. In Erinnerung daran, vielleicht sogar als ein letztes Dankeschön dafür, kann, wer mag, hier vorne an ihrem Sarg ein Licht für sie entzünden.« Vermutlich werden alle Mitfeiernden jetzt eine Kerze entzünden wollen, aber sie tun es mit einem Denkanstoß und mit der Einladung, vorher ihrer eigenen Erinnerung an Begegnungen mit der Verstorbenen nachgespürt zu haben.

Vielleicht aufgrund der Erfahrungen aus meiner Kirchenzeit, wo die liturgische Ordnung den Gebrauch einer Vielzahl von Symbolen und Ritualen fordert, deren Sinn kaum noch jemand wirklich kennt, bespreche ich mit trauernden Angehörigen, aber auch mit Brautpaaren und mit Eltern, die für ihr Kind eine Willkommensfeier wünschen, sehr genau, was möglich ist und versuche dabei herauszufinden, was für sie die größte Aussagekraft besitzt. Denn Zeichen, deren Bedeutung kein Mensch (mehr) kennt oder versteht, haben bestenfalls etwas Okkultes, bieten aber keine Verständnis- oder Deutungshilfen für ein schwer begreifliches Geschehnis an.

»Ritualdesigner«, so werden wir Freien Theologen und Seelsorger häufiger genannt. Ich finde diesen Begriff nicht unbedingt charmant, aber er trifft doch Teile unserer Arbeit. Manchmal muss man wirklich Rituale neu entwickeln, Zeichen in einen anderen Kontext stellen, kreativ sein. Wichtig dabei ist nur, dass man nicht einfach etwas zimmert und designt, nur weil das vielleicht im Trend liegt. Es muss immer zu den Verstorbenen und ihren Angehörigen passen.

Ist die Anzahl der Trauergäste relativ klein und handelt es sich um eine Trauerfeier, bei der der Sarg und keine Urne dabei ist, so mag ich besonders folgende Zeichenhandlung: Ich lade ein, sich am Ende um den Sarg zu versammeln und ihn mit der Hand zu berühren. Es ist, als gäben die Trauernden dem verstorbenen Menschen noch eine Art guten Wunsch für den Weg mit, auf dem er jetzt ist. Und das Loslassen könnte dann auch vor Augen führen, dass genau das jetzt an der Reihe ist: loslassen und freigeben. Schlicht, aber – wie es der Volksmund sagt – ergreifend.

Die Gretchenfrage für jede nichtkirchliche Trauerfeier lautet derweil dennoch: »Sag an, wie hielt er/sie es mit der Religion?« Nicht wenige Konfessionslose sind auch ohne Kirchen- oder Religionszugehörigkeit gläubige Menschen. Doch wenn sie tatsächlich der Überzeugung waren, dass der Tod in jeder Beziehung das Lebensende ist, dann ist das für mich auch vollkommen in Ordnung. Auch das hat etwas mit Respekt zu tun: Einerseits – das ist ja durchaus christlich – darf einem Menschen nicht das Gebet verweigert werden, nur weil er nicht katholisch, evangelisch oder was auch immer war. Genauso wenig angemessen ist es, eine Trauerfeier für einen Menschen, der sein Leben lang nie Worte an ein höheres Wesen gerichtet hat, weil er an dessen Existenz nicht geglaubt hat, ungefragt mit einem Gebetstext zu beschließen. Der Respekt davor, wie ein Mensch sein Leben gelebt hat, gilt auch über sein Sterben hinaus, wenn es um die Gestaltung seiner Trauerfeier geht.

Sollten sich die Angehörigen ein Gebet wünschen, dann ist das ein anderes Thema. Bei dieser Entscheidung sollten allerdings Argumente wie »Was sollen denn die Leute denken?« oder »Das macht man bei uns halt so« nicht den Ausschlag geben – so verständlich es auch ist, das sie aufkommen. Für mich selbst gebrauche ich dafür das Bild: Man darf Verstorbenen bei der Trauerfeier keine Mütze aufsetzen, die er sich zu Lebzeiten niemals gewählt hätte. Denn er kann sich dagegen bei seiner Trauerfeier nicht wehren.

Etwas, woran die allermeisten Menschen in einem Sterbefall sofort denken, sind Blumen. Und dann natürlich an Kränze, die Klassiker, wenn es um Blumenschmuck bei der Beerdigung geht. Recht und schön! Ich will daran auch gar nicht rütteln. Aber mit Vergnügen erinnere ich mich an ein Seminar, das ich mit einer Starfloristin für ihre Kolleginnen und Kollegen halten durfte. Da saßen 80 Blumenkünstler, die uns beiden immer wieder dasselbe Signal gaben: Wir haben Ideen und wenn wir mit den Angehörigen darüber ins Gespräch kommen, dann erleben wir immer wieder, dass diese sagen: »Was, so einen Blumenschmuck darf man auch bei einer Beerdigung nehmen? Der ist ja viel schöner und persönlicher als so ein Kranz.« Ja, man darf auch anderes als den Standardkranz bestellen! Klar, das ist oft etwas teurer, dennoch ist es wichtig, sich Gedanken zu machen, welche Blumen ein Verstorbener besonders gemocht oder auch gar nicht gemocht hat, um auch auf diese Weise seine Persönlichkeit gegenwärtig werden zu lassen. Und wenn die kleine Enkelin dem Opa einen Strauß mit Butterblumen mitgeben möchte, ja nicht unterbinden, weil das vielleicht nicht dem Stil und Geschmack der Erwachsenen entspricht! Es ist auch ihre letzte Chance, dem Opa etwas zu schenken. Verbindlich wird sich das Mädchen auch noch in Jahrzehnten im Zusammenhang mit dieser Beerdigung an nichts anderes erinnern als daran, dass sie dem Großvater kein letztes Geschenk machen konnte.

Auch das Thema Sterbebild bietet Möglichkeiten, die häufig gar nicht bedacht werden. Zunächst plädiere ich aber dafür, von Erinnerungsbildern und nicht von Sterbebildern zu sprechen. Sterbebilder, das schmeckt nach Dokument, nach Geburts- und Sterbedatum, einem romantischen Bildmotiv und einem frommen Wort der Hoffnung.

Ich stelle mir manchmal vor, was wohl ein Verstorbener sagen würde, wenn er gefragt würde, ob ihm diese Kombination als letztes »Handout« gefallen würde.

Warum muss es ein Passfoto sein, das eingearbeitet wird? Warum nicht eines vom letzten großen Familienfest, wo der jetzt Verstorbene lacht und glücklich war?

Warum nicht der Lieblingssatz, der sozusagen sein Markenzeichen war? Ist »Gott sprach das große Amen« wirklich erinnerungsträchtiger als ein immer wieder gehörter Spruch wie »Du bist echt klasse«?

Und wenn ein Verstorbener Hobby-Eisenbahner war und im Keller eine Riesenanlage, Spur H0, aufgebaut hatte, was spricht dann dagegen, ein Foto davon auf die Vorderseite seines Erinnerungsbildes drucken zu lassen? Gar nichts, und dank der modernen Technik sind ohnehin viele Haushalte derart ausgestattet, dass Bilder und Fotos so bearbeitet werden können, dass eine Druckerei daraus ein Layout für ein ganz persönliches Erinnerungsbild erstellen kann. Da ist vielleicht noch ein wenig »Überredungsarbeit« bei den Bestattern und den Druckereien zu leisten, über die dieser Teil meist läuft. Doch ist sie einmal geschehen, sind auch die begeistert, wenn ihre Kunden sich für Alternativen zu den »betenden Händen« oder »Sonnenuntergang im Gebirge« entscheiden. Und diejenigen, für die diese klassischen Motive stimmen, werden ebenfalls Möglichkeiten finden, Individualität und Persönlichkeit ihres Verstorbenen druckbar zu machen.

Eine tatsächliche »Glaubensfrage« stellt die Musik dar, die bei solchen Feiern gespielt wird. Immer wieder muss ich an die Beerdigung eines sehr honorigen Apothekers denken, der ganz plötzlich im Alter von nicht einmal 50 Jahren verstarb. Seine Apotheke lag in einer gehobenen Wohngegend, dementsprechend war seine Kundschaft.

Was kaum einer wusste: Das größte Hobby des Apothekers war sein Motorrad und seine Lieblingsmusik war Heavy Metal. Der klare Wunsch der Angehörigen war: Es sollte seine und nicht irgendeine Beerdigungsfeier werden. Am Ende des wirklich schönen, tieftraurigen, aber auch unheimlich lebendigen Vorbereitungsgespräches fragte ich dann nach der Musik, die gespielt werden solle. Die Witwe dachte in diesem Moment sofort an Heavy Metal, aber der nächste Gedankengang war: »Das geht ja auf gar keinen Fall; was werden denn die Kunden und die Kollegen und die Pharmavertreter und überhaupt alle denken, die kommen?« Ja, was die wohl denken werden? Ich muss zugeben, dass ich diesbezüglich auch klare Vermutungen hatte, aber was helfen die, wenn es darum geht, »seine« Trauerfeier vorzubereiten? Die jugendlichen Kinder des Apothekers fanden, dass auf jeden Fall Heavy Metal dabei sein müsse, am besten nichts anderes. Miteinander fanden wir den goldenen Mittelweg: Es gab einen relativ ruhigen Song, den der Apotheker sehr gemocht hatte und in dem es – Zufall oder nicht? – auch um das Thema Sterben ging. Die Trauerfeier sollte ohne Musik mit einer schlichten Begrüßung beginnen. Am Ende dieser Begrüßung würde ich dann das Hobby und die Musik, die für den Verstorbenen dazugehört hatte, ansprechen und aus dem übersetzten Songtext zitieren. Anschließend sollte das Lied angekündigt und in halbwegs erträglicher Lautstärke abgespielt werden.

So wurde es dann gemacht – und niemand in der zum Teil sehr religiös beheimateten Trauergemeinde fand das unpassend oder geschmacklos. Weil es anmoderiert und erklärt worden war, konnten alle etwas damit anfangen – und damit war dieser Song vielleicht Teil eines letzten Events, aber vor allem Einleitung in einen sehr persönlichen Lebensrückblick. Dazu gehörte auch, dass die

Witwe sich entschließen konnte, als ein weiteres Lied jenes auszuwählen, das für die Liebe zwischen den beiden Ehepartnern stand. Zwar weinte sie dabei wirklich herzzerreißend, doch bis heute – sie ruft mich hin und wieder noch an – sagt sie mir, dass dieses Lied ihre Brücke geworden sei, um auch jetzt in Verbindung zu ihrem verstorbenen Mann zu treten.

Ich habe diesem Beispiel bewusst Ausführlichkeit gewidmet, um Denkverbote zumindest zu hinterfragen. Sich nichts zu denken und den Bestatter, den Friedhofsverwalter oder den Trauerredner mit der Generalvollmacht: »Sie werden das schon richtig machen!« auszustatten, ist eine verpasste Chance. Ein verpasste Chance, sich mit den anderen Trauernden über den verstorbenen Menschen auszutauschen und sich lebendig an ihn zu erinnern, indem man z. B. alte Musikschätze anhört und sagt: »Weißt du noch? Dazu haben wir in unserem ersten Italienurlaub jeden Abend getanzt …« Ob diese Musik dann tatsächlich auch Teil des letzten Lebensfestes wird, steht auf einem anderen Blatt.

Wenn ich bei einem Trauergespräch nach meiner grundsätzlichen Meinung dazu gefragt werde, dann frage ich zurück, was denn wohl der Verstorbene sich gewünscht hätte. Und wer seinen Angehörigen helfen will, der sollte sich vielleicht schon vorher einmal dazu Gedanken machen, wie denn seine eigene Trauerfeier aussehen soll oder auch nicht, und sich zum Thema »Musik bei der Trauerfeier« einige Wünsche notieren.

In diesem Zusammenhang zwei abschließende Bemerkungen: Ich bewundere immer wieder den Mut von Jugendlichen oder Kindern, die sich in einer so emotionalen Situation vor Publikum hinstellen können und für den Verstorbenen auf ihrem Instrument etwas vorspielen.

Wenn sie es freiwillig und gerne tun, dann können sie sich meinetwegen gerne dabei verspielen, sie haben für sich und für den Verstorbenen das an dieser Stelle Beste an Trauerarbeit geleistet.

Auch das Engagement von Profimusikern und -sängern für eine Trauerfeier ist zumindest eine Überlegung wert. Natürlich bedeutet das einen zusätzlichen Kostenfaktor. Doch wer schon einmal erlebt hat, welche Schwingung und Atmosphäre entsteht, wenn bei einer Trauerfeier professionell Musik gemacht wird, der kann nachvollziehen, warum ich darauf zumindest hinweisen möchte. Denn es stimmt einfach: Um mit Worten Menschen so anrühren zu können, wie Musik es tut, da muss jemand schon wirklich richtig gut formulieren und sprechen können.

Meinerseits finde ich es für die Erarbeitung der Feier unerlässlich, ein möglichst ganzes, also authentisches Bild eines Verstorbenen zu bekommen. Manchmal wird es mir sofort erzählt, manchmal erst, wenn wirklich alles andere geklärt ist – und nicht selten bekäme ich das gar nicht zu hören, wenn ich nicht danach fragen würde: nach den Ecken und Kanten, die die Persönlichkeit des Verstorbenen mit ausgemacht haben. Ob und wie das bei der Trauerfeier zum Ausdruck kommen soll, das steht dann auf einem anderen Blatt.

Sehr häufig erlebe ich, dass Angehörige darauf ganz klar und präzise antworten können und dies auch wollen. Zu uns Menschen gehören die Licht-, aber auch die Schattenseiten, das ist eben so. Diejenigen, die sagen, dass man diese Tatsache am Ende eines Lebens nicht breittreten solle, haben recht. Aber die Alternative zum »Breittreten« ist nicht das »Verschweigen«, sondern die Kunst, die Wahrheit zu sagen, ohne abwertend über einen Verstorbenen zu sprechen.

Das ist deshalb so bedeutsam, weil die Trauerfeier eben ein ganz besonders wichtiger Teil bei der Verarbeitung des Todes ist. Dabei mit Tricks, Ausblendungen und zentimeterdicker Schminke zu arbeiten, wäre ausgesprochen kontraproduktiv.

Wer einmal einen Eindruck von der Verschiedenartigkeit von Trauerfeiern bekommen will, dem mache ich gerne einen etwas fremd anmutenden Vorschlag: Gehen Sie einmal an einem normalen Werktag auf einen hochfrequentierten Großstadtfriedhof und wohnen den Trauerfeiern einen ganzen Tag lang bei.

Sie werden überrascht sein, wie unterschiedlich das Thema »Abschied von einem geliebten Menschen« gestaltet werden kann. Vielleicht bekommen Sie dabei auch ein Gefühl dafür, was Ihnen für Sie persönlich zusagt und was gar nicht geht.

Eine gelungene Beerdigung – lebenstaugliches Kunstwerk

Wenn der Tag der Beerdigung da ist, sind viele Angehörige erleichtert und denken: »Endlich.« Das ist keinesfalls ein Ausdruck von Lieblosigkeit. So schwer es häufig ist, den Tod eines Menschen wirklich zu akzeptieren, es tut den allermeisten Angehörigen wirklich gut, diese erste Phase der Trauer mit der Beerdigung zu einem guten Ende bringen. Wohlgemerkt: zu einem guten Ende.

Damit es das wird, komme ich immer etwas früher, auch wenn ich die meisten Friedhöfe und auch die Mitarbeiter, die dort arbeiten, inzwischen kenne – und sie mich. So können kleine Sonderwünsche »auf dem kurzen Dienstweg« auf ihre Umsetzung hin besprochen werden.

Außerdem habe ich die Möglichkeit, den Angehörigen vor der Feier nochmals kurz zu begegnen. Diese wissen dann, dass jemand da ist, der die Verantwortlichkeit für diese Feier in seine Hände genommen hat – und sie Raum für ihre Trauer haben. Manchmal nutzen sie die Gelegenheit, um nachzufragen, ob ich bei der Konzeption der Rede auch an einen bestimmten Punkt gedacht habe, der ihnen besonders wichtig ist. Oder sie bitten mich darum, eine Pflegerin von der Sozialstation, die den Verstorbenen so liebevoll betreut hat, doch auch noch kurz zu erwähnen.

Im Anschluss, kurz vor Beginn, schaue ich gerne in die Trauerhalle, verweile einen Moment beim Sarg oder bei der Urne und schaue mir auch den Blumenschmuck etwas näher an. Aus meinen Aufzeichnungen beim Gespräch weiß ich manchmal sehr genau, wer in welcher innerer Nähe und Distanz zu dem Verstorbenen stand. Das kann ein Friedhofsmitarbeiter gar nicht wissen. Und ist nun ausgerechnet das Blumengebinde von der Lieblingscousine das am weitesten entfernt liegende, dann reicht meistens eine kleine Bitte aus, um das ändern zu lassen. Das klingt nach Kleinkrämerei, und von außen betrachtet, ist es das wohl auch. Aber sowohl aus Sicht eben dieser Lieblingscousine, die natürlich auch ein Gesteck mit »seinen Lieblingsblumen« hat arbeiten lassen, als auch aus Sicht der engsten Angehörigen sieht das anders aus. Da der Verlustschmerz oft sehr groß ist, sind Trauernde in ihren Reaktionen anders als in den Normalzeiten ihres Lebens. Sie sind einerseits dankbar für Selbstverständlichkeiten und wittern andererseits hinter manchen Kleinigkeiten einen Vorsatz, der überhaupt nicht vorhanden ist.

Fließend, ich glaube, dass dieses Wort gut beschreibt, wie ich mir eine gelingende Trauerfeier vorstelle. Zu diesem Fließen gehört für mich auch, in Blickkontakt mit den

Angehörigen und Gästen zu stehen, möglichst frei zu ihnen zu sprechen und so über die Persönlichkeit des Verstorbenen zu reden, dass nach relativ kurzer Zeit wirklich das Gefühl aufkommt: Wir erinnern uns jetzt an diesen einmaligen und unverwechselbaren Menschen. Von seinen Hoffnungen und dem Gelingen, aber auch von Enttäuschungen und Niederlagen zu sprechen, ist das Menschlichste und damit das Wertvollste, was man in dieser Situation tun kann. Einen Lebenslauf? Den will eigentlich niemand hören. Aber eine Lebensgeschichte: In die wollen alle hineinbegleitet werden.

Um aber von einer Lebensgeschichte sprechen zu können, braucht es nicht nur die Informationen, sondern auch die Einbettung in einen guten Rahmen. Geschichten, Gedichte, Liedtexte, durchaus auch spirituelle oder religiöse Texte, sind mein Fundus, mit dessen Hilfe ich diesen Rahmen zu bilden versuche. Offensichtlich sind viele Menschen in einer Trauersituation sehr offen für diese Art von Texten. Immer wieder erreichen mich E-Mails oder Briefe von mir eigentlich unbekannten Menschen, in denen sie mir mitteilen, dass sie bei einer bestimmten Trauerfeier dabei gewesen seien und dass der Text, den ich dort vorgetragen habe, sie nachdenklich gemacht und berührt habe.

Die engsten Angehörigen hören oft zunächst anders hin: Stimmen die Namen, die ich vortrage, sind die Grunddaten richtig? Sie suchen über diese Art des Hörens zunächst noch einmal die innere Versicherung und Beruhigung, dass ich wirklich weiß, bei wem ich gerade bin und über wen ich spreche. Läuft an dieser Stelle etwas eklatant in die falsche Richtung, dann hinterlässt das eine bleibende negative Erinnerung. »Damals bei der Beerdigung von der Mutti, da hat der statt Tante Katrin immer

Tante Karin gesagt!«, diese Sätze höre ich immer wieder einmal zu Beginn von Trauergesprächen.

Schließt sich an die Trauerfeier die Beisetzung des Sarges oder einer Urne an, dann ist der Übergang von der Feier zum Gang ans Grab oft besonders schwer. Hinter einem Sarg oder einer Urne herzugehen, das führt auf eine beinahe brutale Weise die Endgültigkeit des Abschieds vor Augen. Dennoch ist es ein Weg, den man so bewusst wie möglich gehen sollte. Warum? Nicht wenige Menschen können in den Tagen nach dem Tod gar nicht fassen, was tatsächlich geschehen ist. Das ist natürlich ein Stück Immunisierung, mit dem sich die eigene Seele ausstattet, um den Verlust langsam annehmen zu können. Allerdings ist die Gefahr, dass daraus eine dauerhafte Verdrängung des Ereignisses wird, nicht ganz klein.

Der Gang zum Grab ist von der Strecke her oft ein kurzer Weg, der aber von denen, die ihn gehen müssen, als unendlich mühsam empfunden wird. Doch er ist eben in mehrfacher Hinsicht unerlässlich. Da er ein tatsächlicher Trauerweg ist, kommt ihm und seiner Gestaltung große Bedeutung zu. Mir scheint dieser Weg am besten in bewusster Stille gangbar zu sein. Das spreche ich am Ende der Trauerrede an und bitte um diese Stille. In der Stille kommen Gefühle wie Dankbarkeit und Trauer einfach leichter in die innere Wahrnehmung hinein, als wenn die Aufmerksamkeit und Kraft bei zwar gut gemeinten, aber dennoch störenden Gesprächen hängen bleibt.

Wie hat mich das schon damals als junger, manchmal etwas heißsporniger Pfarrer genervt, dass auf dem Weg von der Kirche zum Friedhof und dann wieder vom Leichenhaus zum Grab permanent geredet wurde. Sicher war etwas verletzte Eitelkeit dabei, dass man über meine tiefsinnigen Worte nicht länger in Schweigen meditieren wollte, doch es schwang auch damals schon das Empfinden mit, dass Schweigen an dieser Stelle mehr als Gold ist.

Die schwersten Momente sind dann die der eigentlichen Beerdigung. Wenn Sarg oder Urne in der Erde beigesetzt werden, dann spürt man, wie aus den Trauernden der Verlustschmerz quasi herausbricht und sich in bitteren Tränen ausdrückt. Auch Menschen, die bis zu diesem Moment eher cool und gelassen gewirkt haben, beginnen an dieser Stelle häufig zu weinen. Manchen von ihnen ist die Scham über diesen Gefühlsausbruch anzumerken. Dabei erweisen sie sich damit den in dieser Situation bestmöglichen Dienst.

Auch für mich ist der Moment der Beerdigung nach all den Jahren immer noch keine Standardsituation. Sie rührt mich an und lässt mich sehr genau erspüren, was es in diesem Moment braucht: Tut ein Wort gut oder nimmt es der stummen Trauer nur etwas weg? Ist es richtig, ganz nah am Grab in der Nähe der Angehörigen zu bleiben oder wäre es vielleicht doch besser, ein Stück zur Seite zu treten?

Bei einem Zeichen brauche ich allerdings nie zu überlegen: Erde, die ins Grab geworfen wird, nehme ich niemals mit der Schaufel, sondern immer mit der Hand, auch wenn sie vom Regen ganz lehmig sein sollte. Das Geräusch, wenn so ein Lehmklumpen auf den Sarg- oder Urnendeckel fällt, stört mich einfach. Ich empfinde es als grob, und es erinnert mich an eine Baustelle. Eine Handvoll Erde, die stattdessen liebevoll zwischen den Fingern zerrieben und auf diese Weise ins Grab gestreut wird, nimmt der schmerzhaften Wirklichkeit nichts. Dennoch bringt die Geste in meinen Augen das liebevolle Loslassen (müssen) ungleich stimmiger zum Ausdruck.

Zeuge von tiefer Trauer, Moderator beim Abschied und ein Stück Brückenbauer ins Morgen zu sein, all das verlangt bei jedem Abschied etwas anderes und stellt für mich eine der größten Herausforderungen für jede Seelsorgerin und jeden Seelsorger dar.

Dabei gehört die Fähigkeit zu trauern elementar dazu. In meiner frühen Kirchenzeit hörte ich telefonisch immer wieder einmal den Rat meiner Mutter, der so lautete: »Du kannst nicht mit jedem mitsterben.« Das war natürlich ein Ausdruck ihrer Sorge, wenn ich wieder einmal berichtete, wie sehr mich eine Beerdigung mitgenommen hatte. Ich habe eine ganze Zeit gebraucht, um für mich eine gute Mischung aus Nähe und Distanz zu finden und zu halten. Denn niemandem ist geholfen, wenn der Leiter der Trauerfeier hemmungslos weint, ganz im Gegenteil. Die Gäste wollen gestützt, geführt und meistens auch getröstet werden. Das kann niemand leisten, der selbst um Fassung ringen muss. Andererseits – so meine ich – werden die Worte, die man spricht, nur dann die Herzen der Zuhörer erreichen, wenn diese auch von Herzen kommen. Wer beim Gespräch, beim Schreiben oder bei der Feier in nüchterner Distanz zur verstorbenen Person und den Trauernden bleibt, der wird sicher gut sprechen können, aber ob man ihm seine Worte abnimmt? Ich bezweifle das.

Nicht selten bekomme ich einen oder zwei Sätze meiner Rede von den Angehörigen vorformuliert. Satz eins klingt so: »Die Angehörigen laden im Anschluss an die Beerdigung zur Begegnung in das Café XY ein!«. Und ich glaube, dass es gut ist, wenn Angehörige und Freunde nach einer Beerdigung nicht sofort auseinandergehen, sondern noch Zeit miteinander verbringen, über den Verstorbenen sprechen, sich dabei aber auch ihre Verbundenheit im Leben zum Ausdruck bringen.

Mit Satz zwei tue ich mich schwer: »Die Angehörigen bitten von Beileidsbezeugungen am Grab abzusehen.«

Wenn ich nachfrage, warum, und die Antwort erhalte: »Das ist mir einfach zu viel, das schaffe ich an diesem Tag nicht«, dann gibt es keinen Grund für irgendeinen Einwand. Doch die meistgenannten beiden Gründe sind andere. »Ich glaube nicht, dass das mit dem Beileid wirklich ehrlich gemeint ist. Das ist doch nur eine Floskel.« Ja, da ist sicher etwas Richtiges dran. Zu der Standardformulierung »Mein herzliches Beileid« habe ich mich ja schon an anderer Stelle geäußert. Doch nach fast 20 Jahren Trauerfeier-Erfahrung habe ich auch unendlich viele aufrichtige und wohltuende Szenen erlebt, in denen echtes Mitgefühl zum Ausdruck gebracht wurde.

Dass es nur so wenige und deshalb inflationär benutzte Trauersätze gibt, belegt zunächst ja etwas anderes: Da Trauer so auf Distanz gehalten wird, fehlen vielen Menschen tatsächlich dazu die Worte. Pointierter formuliert: Wir sind bei der Trauer im Lauf der Jahrzehnte fantasielos geworden. Denn was in unserem Leben permanent und lebendig gegenwärtig ist, davon können die meisten Menschen auch sprechen; nur zu dem, was ausgeblendet und tabuisiert wird, fällt uns einfach nichts ein. So wird im konkreten Fall in Ermangelung besserer Alternativen zu den Standards gegriffen, die, weil sie eben von so vielen aus dem gleichem Grund gebraucht werden, ganz schnell floskelhaft klingen. Wie man dem abhelfen kann? Einerseits natürlich dadurch, dass Beileidsbezeugungen mehr oder weniger verboten werden. Andererseits, und das halte ich für die bessere Alternative, wissen doch alle vorher, dass sie zu einer Beerdigung gehen und dass man dabei kondoliert. Vielleicht spricht ja gar nicht so viel dagegen, dass diejenigen, denen nichts anderes als »Mein herzliches Beileid« einfällt, sich am Vorabend für zehn Minuten hinsetzen und auf einem Zettel notieren, was sie denn den engsten Angehörigen tatsächlich sagen und an Hilfestellung anbieten wollen? Dabei gilt es allerdings eine wichtige Regel zu beachten: Man sollte wirklich nur das versprechen, was man auch zu halten bereit und in der Lage ist. Wer der gehbehinderten Witwe, die der nun Verstorbene immer wieder zum Arzt fahren musste, kondoliert und dabei anbietet, diesen Taxidienst gerne zu übernehmen, der hat von Mitgefühl etwas verstanden, der hat hingeschaut und sich Gedanken gemacht. Ruft die Witwe dann allerdings wirklich an und die Zusage erweist sich als »heiße Luft«, dann sollte man sie sich schon vorher sparen.

Der andere Grund, warum gebeten wird, von Beileidsbezeugungen am Grab Abstand zu nehmen, ist Scham. Ja, tatsächlich Scham. Es sind wahrhaftig nicht gerade wenige Menschen, die sich schämen, wenn sie bei einer Beerdigung weinen und in ihrer Auflösung nicht mehr »normal« reagieren können. Nur Mut zur Trauer, Mut zum Weinen und auch Mut, mit der eigenen Trauer sichtbar zu sein! Wenn man im Leben zusammen lacht, dann ist es doch das Normalste der Welt, angesichts des Todes auch miteinander zu weinen.

Ich bin davon überzeugt (und versuche auch in diese Richtung zu raten), dass es guttut, Mitgefühl ausgedrückt zu bekommen. Und ich nehme es noch immer den allermeisten Trauergästen wirklich ab, dass sie den Verlustschmerz mitfühlen können. Wenn Angehörige an dieser Stelle zu einem Stück Offenheit bereit sind und die »Mitfühlenden« ihr Mitgefühl in ein wenig kreativere Worte als die üblichen kleiden, dann können am Ende von Beerdigungen haltbare Netze für ein gutes Weiterleben geknüpft werden. Ich finde, dass dies ein sehr lohnenswertes Anliegen ist!

Was ist Trauerbegleitung?

Viele Menschen kennen das Wort Trauerbegleitung überhaupt nicht. Und die, die es kennen, verbinden häufig sehr
unterschiedliche Inhalte damit. So sind in den vergangenen Jahren in vielen Städten sogenannte Trauercafés entstanden, in denen kirchliche oder soziale Organisationen
in regelmäßigen Abständen Menschen, die einen Verlust
zu verarbeiten haben, zu offenen Gesprächsrunden einladen. Das ist ganz sicher eine Art von Trauerbegleitung.
Wenn ich allerdings davon spreche, dann meine ich damit
grundsätzlich das Angebot, mit einem Menschen, der jemanden verloren hat, ein Stück seines Trauerweges gemeinsam zu gehen. Ich gebe gerne zu, dass ich hier sehr
von der Zusatzausbildung profitiere, die angehende Priester zwischen dem Studium und ihrer Priesterweihe zu ab-
solvieren haben. Und so habe ich mit der Trauerbegleitung
bereits in meinem Gemeindedienst begonnen. Auch damals kamen keine Massen, aber ich war überrascht, dass
sich dieses Angebot ganz offensichtlich herumsprach, ohne
dass ich es in irgendeiner Form öffentlich gemacht hätte.
  Um nachvollziehen zu können, warum es qualifizierte Angebote für Trauerbegleitung braucht, muss man sich
vor Augen führen, was der Verlust eines geliebten Menschen tatsächlich auslöst. Vielleicht erleichtert das ein fik-
tives Beispiel: Eine Frau, 65 Jahre alt, verstirbt ohne Vor-
zeichen an Herzversagen. Der Ehemann, zwei Jahre älter
als seine Frau, seit einigen Jahren im Ruhestand, bleibt zurück. Die beiden erwachsenen Töchter haben feste Lebenspartner, eine von ihnen hat auch bereits selbst Kinder.
Wie das meistens der Fall ist, stehen alle die Tage zwischen
dem Tod und der Beerdigung ganz gut, »funktionierend«
durch. Auch die Tage danach verlangen dem Witwer so

viel ab, dass er gar nicht zur Trauer kommt. Doch nachdem alle Behördengänge erledigt, alle Formalitäten abgearbeitet und alle Danksagungen geschrieben sind, fällt er in ein abgrundtiefes Loch. Er soll auf einmal Dinge können, die immer Sache seiner Frau waren: Dabei geht es gar nicht ums Kochen, denn das hatte er, seitdem er im Ruhestand ist, ohnehin schon weitgehend übernommen. Aber die Finanzen zum Beispiel hat immer »SIE« gemacht.

Die eigentlichen Täler allerdings, in denen er sich auf einmal befindet, sehen sowieso anders aus: Niemand ist mehr da, mit dem er sprechen kann. Es war so selbstverständlich, sich über die Dinge, die anstanden oder die er erlebt hatte, mit ihr auszutauschen. Und umgekehrt bestimmten die Menschen und Situationen, von denen sie ihm berichtete, seine Weltsicht mit. Jetzt ist da plötzlich nur noch Schweigen.

Auch wenn es sich in diesem Zusammenhang scheinbar nicht schickt: Es stirbt ja nicht nur der Gesprächs-, sondern auch der Intimpartner. Wenn Intimität das Zulassen von tiefster Vertrautheit ist, dann wird ohne viele weitere Worte klar, dass es sich hierbei nicht um einen lapidaren Verlust am Tellerrand des Lebens handelt.

Mein Beispielehepaar gehörte zu den dynamischen Jungsenioren, die klare Pläne für die nächsten Jahre gemacht hatten. Sie wollten reisen, gerade hatten sie ein neues Wohnmobil gekauft, um einige Monate des Jahres auf Tour sein zu können. »Gemeinsam wollten wir das unternehmen, alleine will ich da überhaupt nicht hin!«, so reagieren viele in dieser Situation. Das ist verständlich, aber es hat eine in ihrer Bedeutung manchmal unberechenbare Folge: Die Zeitspanne, die der Witwer nun in der Wohnung verbringen wird, ist deutlich größer als geplant. Währenddessen verändert sich diese für ihn natürlich völlig. Alles ist im Lauf der Jahre miteinander angeschafft worden, miteinander hat man die Plätze für bestimmte Bilder oder schöne Gegenstände ausgesucht. An vielen Stellen erinnern selbst getöpferte Vasen, Kugeln und andere Tongegenstände an das Hobby seiner verstorbenen Frau: das Töpfern. Ich beobachte es immer wieder, dass Häuser oder Wohnungen, die vor dem Tod Orte voller Lebendigkeit, voller Lebensgeschichte waren, angefüllt mit ganz eigenen Düften und Gerüchen, mit dem Tod in eine Art Dornröschenschlaf versinken und nicht selten Museums- oder sogar Mausoleumscharakter bekommen. Einsamkeit hält auf einmal da Einzug, wo bisher das Miteinander zu Hause war.

Der Witwer intensiviert nun den Telefonkontakt zu seinen Töchtern, die das anfangs auch vollkommen in Ordnung finden. Doch da er so aus seiner eigenen Lebensbahn geworfen ist, übersieht er dabei, dass nicht nur er seine Frau, sondern auch seine Töchter ihre Mutter verloren haben und diesen Verlust betrauern müssen. Die Töchter, beide berufstätig, sind von den Belastungen durch Familie, Beruf und die eigene Trauer so beansprucht, dass sie nur wenige Ressourcen haben, die sie ihrem Vater zur Verfügung stellen könnten. »Jetzt, wo ich sie mal brauchen würde, sind sie nicht da!«, das ist ein voller Bitterkeit ausgesprochener Satz, den ich in meinen Trauerbegleitungen immer wieder höre.

Der Witwer beginnt, trübe Gedanken zu denken, die er bisher als ausgemachter Optimist gar nicht kannte. Auch mit dem Schlaf bekommt er Probleme. Als er auf Anraten einer seiner Töchter seinen Hausarzt aufsucht, verordnet dieser ihm ein Schlafmittel und gibt ihm eine Überweisung zu einem Psychiater. Da will er dann aber so schnell doch nicht hin, denn er fühlt sich traurig, aber nicht krank.

So vergehen die Tage und Wochen, und der Witwer hat immer noch keine richtige Motivation zu irgendetwas. Freunden, die ihn anrufen und zum Grillen einladen, sagt er nicht nur einmal, sondern immer wieder ab. Bei einer dieser telefonischen Absagen rutschen schließlich ausgerechnet seinem besten Freund die Sätze raus: »Also jetzt mal ganz ehrlich. Jetzt ist deine Frau drei Monate tot, das Leben geht doch weiter. Du kannst nicht ewig trauern.« Mit diesem Anruf endet eine Freundschaft, die 30 Jahre Bestand hatte. Und so geht es dem Witwer immer wieder und immer öfter. Er beginnt, an sich, seiner Umwelt und der Normalität seiner Gefühle zu zweifeln und sucht schließlich die Überweisung zum Psychiater heraus.

Was dieser Mann erlebt, passiert vielen genauso.

Dabei habe ich noch gar nicht von den Sorgen gesprochen, die Trauernde nicht selten noch zusätzlich plagen.

Gerade bei einem plötzlichen Versterben ist häufig im Hinblick auf den Nachlass nur wenig oder gar nichts geregelt. Auf einmal machen Kinder aus einer früheren Verbindung des verstorbenen Menschen – berechtigt oder nicht – Erbansprüche geltend. Letztwillige Verfügungen, die eigentlich hätten geändert werden sollen, sind nicht geändert worden und haben auf einmal Gültigkeit. Und auch die Frage »Wie viel Rente bekomme ich denn jetzt und kann ich damit meinen Lebensstandard halten?« treibt viele Hinterbliebene zusätzlich um.

Was aber leistet dann Trauerbegleitung? Nach dem, was ich zuletzt geschrieben habe, liegt vielleicht die Vermutung nahe, mit Angehörigen die Behördengänge zu erledigen. Auch wenn ich selbst diese Dienstleistung nicht anbiete, ist der Wert solcher Begleitung sicherlich nicht gering zu schätzen. Ein dementsprechendes Angebot kann ich mir grundsätzlich gut vorstellen, sehe aber eine grundlegende Schwierigkeit: Nicht wenige Trauernde sind durch den erlittenen Verlust sehr verunsichert. Die Folge ist ein erhöhtes Misstrauen: Nun ist ihnen ein geliebter Mensch genommen worden, vielleicht oder sogar vermutlich will »man« ihnen auch noch anderes nehmen.

Damit ist eine Grundvoraussetzung für jede Form der Trauerbegleitung angesprochen: Vertrauen. Zwischen dem Trauernden und dem (in welcher Hinsicht auch immer) Begleitenden muss es ein Grundvertrauen geben. Wie gesagt ist das leider häufig eine zusätzliche Einstiegshürde. Nicht nur, dass Trauerbegleitung noch relativ unbekannt und darüber hinaus auch keine Krankenkassenleistung ist: Alle Menschen, die sich grundsätzlich dafür interessieren, haben vor relativ kurzer Zeit in ihrem Leben das Schlimmstmögliche erlebt und fühlen sich betrogen, beraubt, alleingelassen und hilflos. Dann so viel Vertrauen und Mut aufzubringen, auf einen vollkommen fremden Menschen zuzugehen, der nicht Arzt oder Psychotherapeut ist, dessen Angebot anzufragen und auszuprobieren, ist in dieser Situation doppelt schwer.

Wenn man/frau dann den Weg zu mir gefunden hat, begegne ich neben der Trauer in sehr hohem Maße dem Selbstzweifel, der von außen angestoßen worden ist und sich seinen Weg nach innen bereits gesucht hat: Die Umwelt spiegelt dem Trauernden, dass er krank ist. Appetitlosigkeit und Schlafstörungen, anfallartiges Weinen – sind das nicht ganz eindeutig Zeichen von Krankheit? Da ich kein Arzt bin, will ich nicht behaupten, dass sie es nicht sein können. Dass sie es aber zwangsläufig sein müssen, lehne ich, wenn es um die Trauer nach einem Todesfall geht, erst einmal ab.

Schließlich gibt es eine vergleichbare menschliche Situation, in der ähnliche Reaktionen auftauchen: Liebeskummer geht doch sehr häufig mit ganz ähnlichen Symptomen einher. Während sich jedoch bei dieser Diagnose Freundinnen oder Freunde wirklich als solche zeigen und da sind, ist das bei »Trauerkummer« oft nicht der Fall. Ein Grund dafür liegt auf der Hand. Liebeskummer ist etwas Vertrautes, etwas, was jedem schon »passiert« ist. Die Zahl der Experten ist deshalb groß, und die Ratschläge gehen viel leichter über die Lippen als angesichts der Endgültigkeit des Todes. Trauer nach dem Tod ist etwas ganz anderes. Sterben, so banal das klingen mag, tun scheinbar immer nur die anderen. Richtiger: die ganz anderen. Ich bin immer wieder davon überrascht, dass selbst bei betagten und hochbetagten Menschen das Thema Sterben ein Tabuthema zu sein scheint: »Darüber haben wir eigentlich nie gesprochen ...«. »Leider!«, denke ich mir dann nicht selten. Die Trauernden haben es dadurch schwerer, weil aufgrund der permanenten Ausblendung des Todes dessen Realität noch brachialer erlebt wird. Und der gut gemeinte Rat der überforderten Freunde ist häufig Ausdruck von Hilflosigkeit.

Die zweite Ursache des Selbstzweifels finde ich noch schlimmer: Wer lange trauert, so wird es vermittelt, ist letztlich ein Luxusmensch.

Das verstehen Sie nicht? Ich habe es auch lange nicht verstanden, aber es gibt gefühlte »angemessene Trauerfristen«. In der Arbeitswelt sind sie meist noch etwas kürzer als im Privatbereich.

Nach zwei, maximal aber nach drei Monaten darf die Umwelt doch erwarten, dass man mit seiner Trauer ans Ende kommt, oder? Immer wieder werde ich von meinen Klientinnen und Klienten gefragt, ob ich das auch von ihnen erwarten werde. Um dann meist nahtlos anzufügen: Sie seien mit ihrer Trauer einfach noch nicht durch. Und sie hätten noch keine Lust darauf oder keine Kraft dazu, schon wieder in den Alltag, wie er vor dem Tod stattfand, zurückzukehren.

Nach einer gewissen Zeit geht die Umwelt zur Tagesordnung über. Diese ist, und das ist der Knackpunkt, unverändert – oder doch beinahe. Für einen Trauernden jedoch existiert die alte Tagesordnung gar nicht mehr, beim besten Willen könnte er nicht dorthin zurückkehren.

Dabei geben Trauernde bei dem Versuch häufig ihr Bestes. Sie selbst beschreiben das des Öfteren als »funktionieren«, als einen Prozess, der gewissermaßen automatisch und unbewusst passiert. Doch mit »leben« und »Lebensqualität« hat das meist nicht viel gemein.

Ärzte schreiben engste Angehörige, die berufstätig sind, häufig krank. Sie tun damit etwas wirklich Gutes. Denn sie schaffen dadurch einen Zeit-Raum, in dem Trauernde einerseits die Beerdigung und die unmittelbar anstehenden Meldungen und Behördengänge organisieren können. Gleichzeitig ist damit zumindest die Option verbunden, das Ereignis ansatzweise begreifen können. Doch dieser »verordnete« Zeit-Raum schließt sich spätestens nach ein paar Wochen. Allein aus Gründen der Existenzsicherung muss das so sein: Wie furchtbar wäre es, nach dem Ehe- oder Lebenspartner kurz darauf auch noch die Arbeitsstelle zu verlieren!

Aber auch Menschen, die schon im Ruhestand sind, erleben Vergleichbares. Zwar haben sie mehr Zeit, aber sie müssen sich ebenso irgendwann wieder um ihr »Tagesgeschäft« kümmern. Dieses »Wieder-im-Gewohnten-Auftauchen« lässt die Umwelt vermuten, dass es bei dem Trauernden schon wieder aufwärts geht und er oder sie bald wieder der beziehungsweise die Alte sein werden. Dahinter steckt eine diffuse Angst der Umwelt, die nur zu gern zu einer vorschnellen Hoffnung mutiert: Die Angst, dass der Tod einen vertrauten Menschen massiv verändert haben könnte. Funktioniert er kurze Zeit später scheinbar wieder völlig normal (ein paar kleinere Fehler werden am Anfang gerne noch milde nachgesehen), dann gilt das als ein sicheres Indiz, dass die Rückkehr ins normale Leben auf dem besten Weg ist.

Doch so läuft es nur äußerst selten. Trauernde sind zwar durchaus froh darüber, wenn sie etwas haben, womit sie sich beschäftigen können, aber die Kraft, die sie der Alltag kostet, ist ungleich größer als vor dem Verlust. Auch das Wort »Ablenkung«, das sie häufig gebrauchen, ist ein Beleg dafür, dass ihre Konzentration, ihre Emotionen tatsächlich an anderer Stelle gebunden sind.

Mit Interesse habe ich in den letzten Jahren den politischen und gesellschaftlichen Prozess verfolgt, der in der Neuregelung des Bundeselterngeld- und Elternzeitgesetzes seinen Niederschlag fand. Nach Aussage des zuständigen Bundesministeriums für Familie, Senioren, Frauen und Jugend verfolgt dieses Gesetz folgenden Zweck: »Die Elternzeit gibt Arbeitnehmerinnen und Arbeitnehmern die Möglichkeit, sich ihrem Kind zu widmen und gleichzeitig den Kontakt zum Beruf aufrechtzuerhalten.« Verstehe ich das richtig, sind Elternzeit und Elterngeld eine Art Brücke, die es möglich machen soll, zunächst finanziell abgesichert Zeit für das Kind zu haben. Dies verbunden mit der grundsätzlichen Garantie, nach dieser Zeit wieder ins Berufsleben zurückkehren zu können. Finde ich großartig. Und bin der Meinung, dass es an der Zeit ist, über eine gesetzlich geschützte »Trauerzeit« und ein »Trauergeld« nachzudenken. Wir lernen in unserer Gesellschaft ganz langsam wieder – zumindest deuten einige Indikatoren darauf hin –, was für ein kostbares Geschenk das Leben ist.

Dass diesem Leben auch an seinem Ende Aufmerksamkeit und Zeit zukommt, wird inzwischen etwas bewusster wahrgenommen als noch vor etwa zehn Jahren. Eine engagierte Hospizbewegung und die Förderung von Palliativstationen lassen diesen Rückschluss zu, um nur einige Beispiele zu nennen. Sicherlich macht es dennoch keinen Sinn, eine Art »Trauerurlaub« staatlich zu verordnen. Aber die Möglichkeit zuzugestehen, dass Menschen, die Trauer stärker trifft als andere, diesem Verlust auch mehr Zeit und Raum geben können, fände ich sehr hilfreich. Natürlich fallen den meisten von uns dazu die »dramatischen Sterbefälle« ein: Eltern, die ein Kind verlieren, Angehörige von Unfallopfern oder Hinterbliebene nach einem Suizid in der Familie. Doch es gibt auch scheinbar »normale Todesfälle«, die Angehörige vollkommen aus ihren vertrauten Lebensbahnen herausreißen, wo es also zusätzlichen Beratungs- und Begleitungsbedarf gibt.

Noch immer ist Trauer, so scheint es mir, im hohen Maß Privatsache. Dass damit fast ein Teufelskreis in Bewegung gehalten wird, ist kaum jemandem, der ohne akute Trauer lebt, bewusst. Denn im Privatbereich, wo das Fehlen des geliebten Menschen am deutlichsten zutage tritt, ist die Trauer ja nur umso größer. Zu lernen, sich hierin wieder einzufinden, diesen Privatbereich unter ganz veränderten Lebensbedingungen dennoch als lebenswert zu empfinden, ist daher essenziell. Die Inanspruchnahme von Trauerbegleitung wäre in diesem Sinne ein Heraustreten aus dieser Privatsphäre, ohne aber zu öffentlich zu werden. Viele meiner Klienten suchen zunächst auch genau dieses »Dazwischen«: einen Platz, an dem ihre Trauer da sein darf und wahrgenommen wird.

Haben sie erst einmal äußerlich und nach Möglichkeit auch innerlich in meinen Praxisräumen Platz genommen, frage ich natürlich nach dem, was sie sich wünschen oder erhoffen: »Dass die Trauer endlich aufhört!« oder »Dass ich es akzeptieren kann«, das sind die Antworten, die ich daraufhin am häufigsten zu hören bekomme. Trauer kann also auf die Dauer als Hindernis, als Bremse erlebt werden, die verhindert, dass man wieder normal und gut leben kann. So lässt sich wohl die erste Aussage verstehen.

Hinter der zweiten steht eher das Erleben der Betroffenen, dass der Verlust auch auf Dauer nicht zu einem akzeptablen und dann auch akzeptierten Bestandteil des Lebens wird, sondern ein Fremdkörper bleibt. Ich kenne zu dieser Thematik keine Statistik, aber ich bin doch immer wieder überrascht, dass eine ganze Reihe von Trauernden viele Abläufe für eine lange Zeit genau so beibehalten wie vor dem Verlust: Es wird weiterhin für zwei Personen eingekauft, der Tisch wird für zwei gedeckt und auch für zwei gekocht.

Wichtig für die Begleitung ist es, den Verstorbenen gegenwärtig werden zu lassen. Trauernde beginnen regelrecht aufzublühen, wenn sie über ihre Beziehung zu dem toten Angehörigen sprechen können. Als Begleiter entsteht in mir dadurch ein Bild des Verstorbenen, aber auch ein Bild von der Bindung, die es zwischen den beiden Menschen gab und immer noch gibt.

Wer beispielsweise durch seine Beziehung oder Ehe gereift ist, vielleicht sogar das Gefühl erlebt hat, durch den Partner oder die Partnerin »ganz« geworden zu sein, der wird tiefe Trauer empfinden, wenn der andere stirbt. Doch mit dem Tod fällt der trauernde Mensch ja nicht zurück auf den Status quo vor der Beziehung. Vielmehr wird er in seiner Trauer erspüren, wodurch er »ganz« geworden ist. Da verbinden sich Dankbarkeit für das Erlebte mit der Achtsamkeit für die eigene Grenze, vielleicht sogar für die eigene Schwäche. Durch die mit dem verstorbenen Menschen verbrachte Zeit hat sich eine innere Entwicklung vollzogen, die durch den Tod zwar ein Ende gefunden zu haben scheint, aber nicht rückgängig gemacht wird. Und dies unabhängig davon, ob dieser Mensch nochmals in eine Beziehung geht.

Die umgekehrte Erfahrung begegnet mir allerdings auch: Menschen, die zum Beispiel Angehörige lange gepflegt, dafür aber keine oder wenig Dankbarkeit erhalten haben, nehmen das Erlebte genauso mit in ihre Zukunft. Sie werden mit ihrem »Angebot« vermutlich dosiert oder vorsichtiger umgehen, bis sich die Wunde geschlossen hat. Die durchlebte Trauer mag ihnen jedoch helfen, sich zukünftig nicht mehr ausnutzen zu lassen.

Immer wieder denke ich auch an eine junge Frau, die ich in einer Trauerphase begleiten durfte. Ich lernte sie kennen, als ihr Vater verstarb. Obwohl schon deutlich über zwanzig, lebte sie damals noch bei ihren Eltern. Große Unsicherheit, diffuse Ängste, aber auch ein für ihr Alter wenig erwachsenes Verhalten, dazu auch noch lange Arbeitslosigkeit, so erlebte ich sie und – wie ich kurz darauf erfuhr – sie sich selber auch. Nach der Trauerfeier für den Vater bat sie mich um Trauerbegleitung. Intuitiv hatte sie gespürt, dass dieser Tod für sie Verlust und Chance gleichzeitig sein könnte. Mit großer Ehrlichkeit schaute sie auf sich, trauerte um den Vater, lernte aber im Lauf der Begleitung auch, Wut auf die zu artikulieren, die sie bisher »ausgebremst« hatten und die scheinbare Macht, die der Verstorbene noch immer über sie zu haben schien, zu verabschieden. Das war ein mühsamer Weg, der auch dann noch nicht zu Ende war, als die Trauer vorbei war. Sie formulierte ganz klar für sich, was ihr im Leben nicht noch einmal passieren sollte und begann davon ausgehend, das

Fundament für ihr eigenes, selbstständiges und selbstbestimmtes Leben zu entwerfen. Heute lebt sie in ihrer eigenen Wohnung, arbeitet in ihrem Wunschberuf und achtet sehr gut darauf, dass die Macht, die andere Menschen über sie haben, im Rahmen des Unvermeidbaren bleibt. Das nenne ich »gut getrauert«.

Da jeder Mensch ein Individuum ist, kann es auch keine standardisierte Trauer geben. Zwar sind Abläufe und Verhaltensweisen vergleichbar – der konkrete Trauerweg aber ist immer einmalig. Dazu gehört es für den Trauerbegleiter, den Verlust, den ein Trauernder erlitten hat, wertzuschätzen.

Was ich damit meine, möchte ich an einer für mich sehr fremd anmutenden Erfahrung verdeutlichen. Folgende Situation wird mir von meinen Klienten leider nicht sehr selten beschrieben: Sie waren in irgendeinem Trauercafé oder bei einer Gesprächsrunde, die sich aus lauter Hinterbliebenen zusammensetzte. In den Gesprächsrunden fand eine Art Trauer-Wettkampf statt. Es wurde nicht nur von den jeweiligen Verlusten erzählt, vielmehr wurden sie verglichen, welcher Verlust wohl der schlimmste wäre. Je gravierender ein Verlust empfunden wurde, so erlebten es die Teilnehmer, desto legitimer war es, betroffener oder trauriger als die anderen zu sein.

Was passiert dabei? Ein im Leben geübtes Verhaltensmuster, das dem Wunsch nach Ansehen und Wahrnehmung entspringt und der eigenen Empfindung entgegenkommt, besonders trostbedürftig zu sein, wird auf die Trauer übertragen. Das kann ich gut verstehen, doch diese Art von Verlustvergleich übersieht die Einzigartigkeit jeder Trauer. Als Außenstehende werden wir alle ähnlich empfinden: Der Tod eines Kindes ist das Schlimmste, was Eltern passieren kann. Doch stellen wir uns vor, dass wir nach vielen wirklich guten Jahren die große Liebe unseres Lebens zu betrauern hätten. Wie würden wir uns fühlen, wenn uns jemand darauf aufmerksam machen würde, dass es doch viel Schlimmeres geben kann? Dann würden (hoffentlich) nur noch die allerwenigsten sagen: Stimmt, und deshalb sollte ich jetzt auch zu trauern aufhören.

Den Verlust wertzuschätzen heißt also, wahrzunehmen, was der verstorbene Mensch dem Trauernden wirklich bedeutet hat, und heißt anzuerkennen, dass es für den Trauernden im Moment nichts Größeres gibt als diesen Verlust.

So bereichernd ich das dazu notwendige Zuhören auch für mein Leben empfinde – manchmal ist die Arbeit an der Trauer wie das Sitzen am Fuß eines Vulkans, der schläft, aber innerlich brodelt. Für den Trauernden ist es aber eine wesentliche Hilfe, wenn er spürt, »der bleibt jetzt da sitzen und läuft nicht gleich bei der kleinsten Erschütterung weg«. Denn das Weglaufen von Verwandten und Freunden ist ja die Erfahrung, die die meisten schon gemacht haben. Mit echter Anteilnahme da zu sein, wenn es sonst allenfalls noch wenige sind, das ist neben der Wertschätzung des Verstorbenen und des erlittenen Verlustes einer der Grundpfeiler von Begleitung, damit ein Verlust wirklich »abgetrauert« werden kann.

Doch es gibt auch noch eine andere Gruppe von Trauernden. Ihr Verlust liegt häufig schon länger zurück. Sie sehen sich selbst als Miesepeter und Griesgrame an. Oft sind es Menschen, die ihren Verlust »damals« weggesteckt haben oder haben wegstecken müssen, zum Beispiel weil sie sich um die Arbeit oder die Kindererziehung kümmern mussten. All diese Aufgaben erledigten sie mit Bravour, doch sich selber und ihre eigenen Bedürfnisse haben sie vollkommen aus dem Fokus verloren. Nach Jahren, ja manchmal sogar nach Jahrzehnten, sind alle Aufgaben erledigt, doch das Leben schmeckt nach gar nichts. Dabei möchten diese Menschen Anteil am Leben haben. Als Trauerbegleiter ist es dann ganz wichtig, behutsam zurückzugehen, den Verlust, der damals zwar Realität war, aber niemals bearbeitet werden konnte, in die Lebenswirklichkeit hineinzuholcn. Noch cinmal mit dem Bild des Vulkans ausgedrückt, bricht dieser manchmal wirklich heftig aus: »Ich habe all das allein machen müssen, nur weil du gestorben bist!«. Das ist die druckfähige Version von Sätzen, die dabei ausgesprochen werden. Tatsächlich Erlebtes und Irrationales bilden eine Trauerlava, die sich dann endlich ihren Weg sucht. Trauernde zu ermutigen, sich bestimmte Gedanken nicht zu verbieten, sondern zuzulassen, ihre Wirkung zu fühlen, sie auszusprechen und wenn es guttut, sie auch hinauszuschreien, das ist dann meine Aufgabe.

Wenn schließlich, oft erst nach mehreren Vulkanausbrüchen, der Verlust in seinem ganzen Schmerz realisiert wird, knüpfen diese Trauernden ihr Lebensband an der Stelle wieder an, wo es damals abgerissen ist. Wenn man könnte, müsste man die Beerdigung dann wiederholen. Da das natürlich nicht geht, versuche ich, mit den Trauernden ein Ritual zu erarbeiten, das dem nahe kommt. Die Einbeziehung in die Ritualentwicklung und der bewusste Vollzug können den Trauerprozess zu einem guten Ende bringen. Das kann ein Ritual am Grab des Toten sein, aber auch etwas ganz anderes. Am Ende einer Trauerbegleitung sind die Gedanken an einen Verstorbenen und eventuelle Wünsche für ihn andere als am Anfang.

Ein besonders schönes Ritual ist dieses: Die Wünsche für einen Verstorbenen werden in einer stillen Arbeit aufgeschrieben und die wesentlichen dann auf einen Stein übertragen. An einem besonderen Tag, möglicherweise dem Todestag, wird der Stein bewusst in einen Fluss gegeben, der in der Nähe des Wohnortes fließt. Die Kraft des Wassers wäscht im Lauf der Zeit die Wünsche ab und nimmt sie mit sich. Das Wasser als ein Ursymbol des Lebens erleben Trauernde fast als Garant dafür, dass ihre Wünsche »ankommen«. Das bewusste Loslassen wird häufig als eine Art Befreiung erlebt: Ich habe meinen Teil getan, ich habe gut und ehrlich getrauert und darf jetzt auch in mein Leben zurückkehren.

Auch das Bild, das sich vom Toten formt, verändert sich im Lauf einer Trauerzeit – ob diese begleitet ist oder nicht. Dabei machen Trauernde häufig eine Erfahrung, die sie zuerst erschreckt und für die sie sich schämen. Zu Beginn des Trauerweges hat ein Verstorbener in der Erinnerung häufig einen Status, der dem eines Heiligen gleicht. Alles an ihm war gut, richtig, beinahe vollkommen. Das tut selten gut und entspricht noch viel seltener der Lebenswirklichkeit. Wenn sich in einer Trauerbegleitung solche »Heiligsprechungsprozesse« manifestieren oder sie bereits manifestiert sind, dann gehört es zu den sicher nicht sehr angenehmen, aber notwendigen Aufgaben des Begleiters, die Qualität des Podestes, auf dem der Verstorbene steht, zu hinterfragen, manchmal sogar auch etwas provokativ zu bezweifeln. Dabei geht es nicht darum, einen Verstorbenen und/oder seine Lebensleistung in den Schmutz zu ziehen oder infrage zu stellen. Es geht einfach um Ehrlichkeit. Wir Menschen, zumindest die allermeisten von uns, sind keine Heiligen. (Wenn es denn wirklich einen Gott gibt, der in etwa dem Bild entspricht, das die Geschichte von Adam und Eva erahnen lässt, dann hat dieser das auch gar nicht gewollt, sonst hätte er den Menschen ja nicht nur ihm ähnlich, sondern ihm gleich erschaffen können!) Außerdem: Heilige brauchen keine Trauer, Heilige brauchen Verehrung. Aber wie schon verschiedentlich benannt, ist Trauer für die Hinterbliebenen, in meiner Wahrnehmung aber auch für die Verstorbenen, etwas überaus Kostbares, worum man sie keinesfalls bringen sollte. Eine Trauer hingegen, die Züge einer Heiligenverehrung trägt, würde dazu führen, dass sich die Trauernden permanent unter dem Aspekt infrage stellt, ob ihr Verhalten denn dem großen Vorbild gegenüber auch wirklich angemessen ist. Da sie darauf keine stimmige Antwort erhalten, werden sie immer wieder glauben, dass das, was sie tun, nicht gut genug ist. Eine Spirale von Selbstzweifeln und noch stärkerem Bemühen, alles ja im Sinne der Verstorbenen zu machen, beginnt. Allerspätestens an diesem Punkt interveniere ich. Und erlebe es nicht selten, dass Klienten wegen dieser Intervention eine Art Auszeit in der Begleitung nehmen. Sie fühlen sich missverstanden oder zumindest im hohen Maße irritiert.

Oft passiert dann ziemlich zeitnah Folgendes: Mit der Infragestellung der Authentizität des Erinnerungsbildes stößt der Begleiter zunächst auf Ablehnung, dann aber nicht selten eine Tür zu einem anderen Erinnerungsraum auf. Trauernde erinnern sich auf einmal an Verhaltensweisen, die ihnen schon immer irgendwie nicht gepasst haben, an Situationen, in denen der oder die Verstorbene sich falsch verhalten hat. Manchmal erinnert man sich an Ereignisse, die schon lange zurückliegen und scheinbar vergessen waren. Plötzlich ist all das wieder da und bestimmt jetzt das Erinnerungsbild an ihn. Was genau dabei in der Seele eines Trauernden vor sich geht, weiß ich nicht. Aber dass das Ganze etwas ganz Normales und offensichtlich auch Notwendiges ist, das weiß ich. Und mache damit meinen Klienten Mut, wenn sie sich wegen solcher vermeintlich bösen und sündigen Gedanken verurteilen oder sich Undankbarkeit gegenüber dem Verstorbenen vorwerfen.

Als Trauerbegleiter helfe ich gewissermaßen bei der Justierung des Pendels der Erinnerung, bis es in einem Maß ausschlägt, das Angehörige als stimmig und dem Verstorbenen angemessen empfinden.

Nach dem erlittenen Verlust aus der eigenen Mitte heraus aktiv das zukünftige Leben in Selbstverantwortung zu gestalten, ist eine wirklich große Aufgabe, die Zeit braucht.

Daher nochmals meine Ermutigung, die ganze Strecke der Trauer zu bewältigen, denn die Abkürzungen entpuppen sich oft als Sackgassen.

Besonders schwierig für mich ist aus diesem Grund die folgende Situation: Die angebotene Hilfestellung tut gut und ist hilfreich und entsprechend ist die Rückmeldung des Klienten. Doch plötzlich sagt derselbe Klient zuerst den nächsten, dann auch den Ersatztermin ab und verschwindet schließlich sang- und klanglos.

Als Trauerbegleiter sitze ich dann nicht selten da und weiß genau: Das war zu früh und zu schnell. Als Erklärung erreicht mich manchmal noch eine mehr oder weniger euphorische E-Mail folgenden Inhalts: »Mir geht's so gut, ich bin wieder verliebt!«. Wenn dem so ist, was bleibt mir anderes übrig, als alles Gute zu wünschen? Dem bis gestern noch Trauernden, aber auch seiner neuen Liebe, die garantiert sehr schnell mit dem oder der Verstorbenen verglichen werden wird – und nicht selten nur ein Tröster für den Übergang ist.

Natürlich: Trauerarbeit ist anstrengend und häufig schmerzhaft, weil neue Lebensmuster gefunden und eingeübt werden müssen und gleichzeitig der Verlust betrauert werden soll. Und ich kann verstehen, wenn die Trauernden auf diesem Weg müde werden oder auch frustriert sind und sich fragen: »Was bringt mir das denn? Es war einfach viel schöner mit ...!«. Dennoch betrübt es mich, wenn jemand die Arbeit – oft kurz vor dem Ziel, was er in diesen Moment aber so nicht wahrnimmt – abbricht.

Spontane Wohnungswechsel oder berufliche Veränderungen (»Wissen Sie, das wollte ich immer schon machen!«) sind für mich zu Indikatoren geworden, die mich besonders aufhorchen lassen. Veränderung zu suchen und zu finden, ist grundsätzlich in Ordnung und notwendiger Bestandteil von Trauerarbeit; doch ein neuer Ort und Veränderung allein ist häufig eine Art Placebo.

Folgendes Bild verdeutlicht, was ich meine: Nimmt man einen zu schweren und übervollen Lebensrucksack an einen neuen Ort mit, muss man ihn irgendwann auch dort ausräumen, zumindest aber verstauen. Das heißt im Hinblick auf vorzeitig beendete Trauerarbeit: Die unverarbeitete Trauer wird auch in einer neuen Wohnung, an einem neuen Arbeitsplatz, in einer neuen Beziehung ihre Kraft entfalten – und dies relativ bald.

Kommt eine Trauerzeit aber wirklich zu ihrem guten Endpunkt, dann bieten oftmals die vertrauten Lebensräume und -plätze genügend Neuland an. Klingt paradox, ist es aber nicht. Eine einst gemeinsam bewohnte Wohnung so umzugestalten, dass sie zu meiner Wohnung wird, in der es zwar Erinnerungs- und Berührungspunkte zum Verstorbenen gibt, die aber auch Platz für mein eigenes Leben und meine Zukunft bietet, das ist vielleicht besser, als eine neue Wohnung zu suchen und komplett neu einzurichten.

Warum, so frage ich mich manchmal, stimmt dem jeder zu, wenn nach einer zu Ende gegangenen Beziehung derjenige, der in der früher gemeinsamen Wohnung verbleibt, sie sich nach seinem Geschmack einrichtet? Warum nicht auch dann, wenn eine Beziehung durch den Tod eines Partners zu Ende gegangen und eine gute und ehrliche Trauerarbeit geleistet worden ist?

Wer aber wirklich durch die gelebte Trauer an diesen inneren Punkt gekommen ist, den wird es nicht mehr so hart treffen, wenn seine Umwelt das nicht versteht.

Am Ende einer jeden Trauerbegleitung steht der Schritt zurück ins »normale Leben«. Wie so viele Menschen, die in Beratungsprozessen stehen, empfinden auch Trauernde ihn als hart, manchmal sogar als unattraktiv. Schließlich schafft die Ausnahmesituation Trauer auch einen Schutzraum, in dem andere Gesetze gelten. Da habe ich als Begleiter eine klare Aufgabe: Es ist schön, wenn sich Klienten wohlfühlen, wenn ihnen ein Gespräch guttut und Tränen oder auch Wut ihren Platz haben dürfen, doch es sind Etappen auf dem Weg zurück in ein selbstständiges Leben.

Um noch einmal einen bildhaften Vergleich zu bemühen: Wer sich einen unangenehmen Holzsplitter eingefangen hat, hat letztlich drei Möglichkeiten, damit umzugehen. Möglichkeit eins: Er zeigt jedem den Splitter und sagt »Das tut so weh!«. In der Bilderbuchvariante wird er von jedem seiner Zuhörer Bedauern zugesprochen bekommen. Allerdings um den Preis, dass der Splitter drin bleibt, eine Entzündung hervorruft, die schließlich eitert und eventuell sogar zur Blutvergiftung führen kann. So geht es Trauernden, die der Trauer einen dauerhaften Platz in ihrem Leben geben wollen. Wie gesagt: Die angesprochene Reaktion ist die Bilderbuchvariante. Tatsächlich wird es wohl eher so sein, dass sich die Mitmenschen langsam, aber sicher abwenden und die Trauer gleichzeitig immer mehr schmerzt. Mit einem gewissen Magengrimmen beobachte ich, dass sich Menschen, die auf diese Art trauern, auch im Internet Orte schaffen, wo der Trauerschmerz wortreich kultiviert, aber die Trauerarbeit vermieden wird. Bis jetzt habe ich in meiner eigenen Beratungstätigkeit nur sehr wenige solcher Klienten gehabt. Aber wenn mich Trauernde dieser »Art« aufsuchen, bin ich sehr kritisch und frage relativ bald nach, ob der Trauerbegleiter letztlich nicht nur ein bezahlter »Bedauerer« sein soll …

Möglichkeit zwei sieht so aus, dass der Mensch mit dem Splitter sich darum bemüht, diesen herauszuziehen. Übertragen bedeutet das, durch eine achtsame Trauerarbeit den Stachel langsam, mit Rücksicht auf die vom Tod geschlagene Wunde und die eigene Schmerzgrenze zu ziehen. Beim Herausziehen tut es zwar nochmals weh, aber dann ist es auch gut und die Wunde kann heilen. Dabei kommt dem Begleiter vor allem die Aufgabe zu, im Trauernden den Entschluss zu fördern, sich von der Trauer zu verabschieden; den Stachel aber muss er sich eigenständig herauszuziehen. Er selbst ist gefordert und irgendwann mutig genug zu sagen: »Jetzt ist es genug, ich kann an den Verstorbenen denken und bleibe trotzdem in meiner Lebensspur!«

Möglichkeit drei ist die, die mir am meisten Sorgen bereitet. Wenn Menschen um den Splitter wissen, spüren, wie die Trauer immer größer statt kleiner wird und sich damit immer mehr zurückziehen, dann sind sie auf einem vielleicht sogar gefährlichen Weg. Der schleichende Rückzug wird am Anfang von der Umwelt toleriert und dann akzeptiert. Am Ende wird dieser Mensch weitgehend ignoriert. Dass er derweil in seiner Wohnung sitzt und die Trauer ihn auffrisst, ist zumindest in Teilen sein selbst gewählter Weg.

Die Frage ist allerdings: Wie kommt man an diesen Menschen heran? Von sich aus wird er niemals Begleitung anfragen. Und er hat oft niemanden mehr, der ihn zu einer Probesitzung Trauerbegleitung mitnehmen würde.

Leider habe ich auch kein Rezept dagegen. Doch ich bin der Überzeugung, dass es deutlich leichter wäre, Kontakt zu Trauernden aufzubauen, wenn Trauer in unserer Gesellschaft etwas Selbstverständlicheres, ja, etwas Wertgeschätztes wäre.

Klar muss allerdings sein: Trauerarbeit ist keine Schönheitsoperation, die möglichst wenig sichtbare Narben zurücklassen darf. Und in der Begleitung geht es auch niemals darum, einen Zustand herzustellen, als hätte es die verstorbene Person nicht gegeben. Ausdrücklich ist eine gute Narbenbildung sogar das Ziel. Ein Mensch, den man geliebt hat, darf nicht nur, sondern muss betrauert werden, sonst war es keine Liebe. Und ein Mensch, den man betrauert hat, verschwindet niemals ganz. Aber als Zurückbleibender ist man/frau irgendwann frei und stark genug, ohne ihn weiterleben zu können und zu wollen. Natürlich wird es immer wieder Situationen im Leben geben, in denen es einen kleinen Stich im Herzen gibt, wo Erinnerungen aufblitzen, wo diese Erinnerung gleichzeitig aber auch eine Hilfestellung für Entscheidungen im Heute sein kann.

Wer einen Partner betrauert hat, lebt zwar ohne ihn, aber immer mit der Erinnerung an ihn. Auch für eine neue Partnerschaft ist dieser Punkt wesentlich: Jeder neue Partner im Leben darf und soll um eine solche Narbe wissen dürfen, ohne verpflichtet zu sein, Wundversorgung leisten zu müssen.

Angeblich soll ja Vollkornbrot, das man mehr als dreißig Mal kaut, auf einmal süß schmecken. Für Kinder ist diese »Verheißung« trotzdem nicht attraktiv genug, um es zu mögen.

Ähnliches gilt für die Trauer. Kaum jemand würde sich einen Anlass zur Trauer aussuchen, weil am Ende sein Leben eine andere, vielleicht sogar bewusstere Qualität bekommen kann. Und dennoch stimmt es: Wer Trauer gelebt hat, der ist damit nicht nur irgendwann fertig und durch, für den schmeckt Leben ab diesem Moment anders. Vermeintliche Selbstverständlichkeiten werden auf einmal anders wahrgenommen, schmecken nach »mehr«: Zeit, Gesundheit, Aufmerksamkeit, Dank und Anerkennung sind nichts anderes als vor der Trauerzeit, aber sie sind kostbarer, wertvoller als zuvor. Unter Umständen werden sogar Kritik und Tadel eher als Vorschläge für eine sinnvolle Korrektur empfunden denn als persönlicher Angriff.

Wer der Trauer die Zeit gibt, die ihr zukommt, wer ihr mit ehrlichen Gefühlen begegnet und so den erlittenen Verlust tatsächlich abtrauert, wird auch die positiven Kräfte spüren, die sie in einem freisetzt. Menschen, die einen Trauerweg sehr bewusst gegangen sind, empfinden das Leben häufig längst nicht mehr so selbstverständlich wie vor dem miterlebten Tod. Sie hinterfragen ihren eigenen bisherigen Lebensstil durchaus kritisch und sind häufig auch für neue, bisher von ihnen eher abgelehnte spirituelle Gedanken und Vorstellungen offen. Leider wird das schmerzliche Gefühl nur selten unter dieser Perspektive wahrgenommen. Viel häufiger gelten die Trauernden als angezählt und weniger belastbar. Das sind sie sicher in den Zeiten der Trauer, aber danach? Danach bringen diese Menschen umso mehr Erfahrung und Stehvermögen mit.

Dass davor bittere, harte Brocken zu kauen sind, das weiß ich nicht nur aus Lehrbüchern oder aus den Erfahrungen meiner Klienten.

In ganz eigener Art und Weise hat das Leben dafür Sorge getragen, dass ich tatsächlich weiß, wovon ich hier spreche.

Mein eigener Trauerweg – der Tod meines Vaters

Vor einigen Jahren mussten ich, musste meine Familie, in einem Maß Trauer empfinden und Trauerarbeit leisten, wie wir es nicht für möglich gehalten hätten. Als mein Vater nach sehr langer und schwerer Krankheit beschloss, sein Leben zu beenden, blieb für uns die Welt auf einmal stehen.

Der Entscheidung und dem Weg, den mein Vater wählte, konnte ich sofort Verständnis und Respekt entgegenbringen. Dass er, der in seinem Leben ein echter Christ gewesen war, sich in der Zeit vor seinem Tod von Gott, aber auch von seinem zuständigen Bodenpersonal verlassen fühlte, tut mir für ihn bis heute leid.

Für mich bedeutete dieser Tod einerseits eine existenzielle Erschütterung, andererseits eine Nagelprobe, ob meine Arbeit und Arbeitsweise auch tatsächlich alltags- und belastungstauglich war. Auch wenn uns die Situation anfänglich den Atem nahm, haben wir damals vieles richtig und richtig gut gemacht.

Die Trauerfeier für meinen Vater war zweifellos seine Trauerfeier und gleichzeitig auch unser »Dankeschön« an ihn. Und auch sein Grab ist wirklich seines. Wir haben mithilfe einer befreundeten Steinmetzin versucht, mit dem Grabmal jenen Satz zum Ausdruck zu bringen, der meinem Vater in seinen letzten Lebensjahren immer wieder Trost gab. Er stammt aus dem Rilke-Gedicht »Herbst« und lautet: »Und doch ist Einer, welcher dieses Fallen unendlich sanft in seinen Händen hält.«

Heute ist dieser Platz für mich wirklich zum Erinnerungsort geworden: Das, was dort ist, erinnert mich unverstellt an meinen Vater. Da ist nichts, was ihm und seinem Lebensstil widersprechen würde.

Doch auch wir haben danach das harte Trauerbrot kauen müssen. Vieles von dem, was ich als Teil des Trauerweges beschrieben habe, habe ich in dieser Zeit erlebt: Angefangen von den Sachzwängen, die verpflichten, sich sehr rasch nach der Beerdigung wieder dem Alltag zuzuwenden, über Freunde, von denen ein Teil wirklich da, ein anderer Teil aber so betroffen war, dass sie Trost bei uns suchten, den zu geben uns einfach nicht möglich war, bis hin zu Veränderungen in den Beziehungen, ja sogar Krisen im familiären Miteinander.

Ich habe mir daraufhin, weil man sich selbst natürlich kaum ein guter Trauerbegleiter sein kann, die Hilfe einer Kollegin gesucht, als ich merkte, dass ich auf dem Stein des Trauerweges sitzenzubleiben drohte, auf dem Selbstmitleid steht.

Was ich in der Arbeit mit ihr erlebt habe, bestätigt mich umso mehr in meinem Engagement für mehr »Trauerbegleitung« in unserer Gesellschaft. Sehr schnell konnte und wollte ich aufstehen und den Trauerweg gut zu Ende bringen.

Heute ist mein Leben anders als vor dem Tod meines Vaters. Ich würde nicht von »bewussterem Leben« sprechen wollen. Wie es sich geändert hat, kann ich nur folgendermaßen umschreiben: Mein Leben ist ein Leben ohne Aufschub geworden. Aufgaben und Ereignisse, die ich beeinflussen kann, versuche ich nicht zu vertagen, sondern ihnen jetzt ihren Platz zu geben. Und dies unabhängig davon, ob sie sich im Vorlauf angenehm oder unangenehm anfühlen.

Ich vermute, dass ich an diesen Punkt meiner Entwicklung auch ohne den Tod meines Vaters irgendwann angekommen wäre, doch die Trauer um ihn hat den Prozess dahin beschleunigt und verdichtet.

Trauer – eine ungewohnte, aber kluge Strategie in der globalen Krise

Sehr vertraut ist mir die Redewendung »Ich komme mir vor, als hätte ich Aussatz!« Und so wie nur der eine Aussätzige dem anderen Aussätzigen Freund sein konnte, so scheint es mir manchmal auch bei Trauernden zu sein. Gesprächspartner, Menschen, die sie verstehen und aushalten, finden sie nämlich scheinbar am leichtesten unter ihresgleichen.

Die zahlreichen Trauerkreise, Trauercafés und Witwenrunden sind für mich kein Beleg dafür, dass das Thema Trauer wieder in der Gesellschaft angekommen ist, sondern eher für das Gegenteil. Weil das Thema nicht in der Gesellschaft ankommen kann, müssen sich diese Kreise und Runden bilden. Sicher ist das im Vergleich zu der Situation vor 20 Jahren, wo es all das nicht gab, ein Riesenfortschritt, aber noch kein Indiz für die Rückkehr der Trauer in die Gefühlswelt unserer Zeit.

Nach wie vor erreichen mich E-Mails von Hospizvereinen und Selbsthilfegruppen mit dem Tenor: »Sie wissen ja selbst, dass das Thema Verlust, Trauer und Trauerarbeit ein dickes Brett ist, das man permanent bohren muss.« Trauernde und ihre Helferinnen und Helfer, Begleiterinnen und Begleiter haben bis heute das Empfinden, nicht nur eine geschlossene Gesellschaft, sondern auch eine ausgeschlossene Gesellschaft zu sein.

Doch was sollen die Löcher bringen, die ich und die anderen Trauerbegleiterinnen und -begleiter in dieses Brett bohren?

Sie sollten Durchblick bringen sowie Verständnis für die Situation von Trauernden. Und für diese umgekehrt das Gefühl vermindern, von der Außenwelt separiert zu sein. Oft ist es nur die Hilflosigkeit im Umgang mit der Erfahrung, wie zerbrechlich und endlich das Leben ist, die verunsichert. »Ich will ja auf gar keinen Fall etwas falsch machen!«, so lautet die ausgesprochene Version dieser Unsicherheit, die nur zu oft darin mündet, lieber gar nichts zu tun.

Dabei sind Verlust und Trauer viel alltäglicher, als wir meinen. Auch wenn wir bei Trauer an den Tod denken, verlieren wir alle viel öfter, genau genommen täglich.

Zwar möchte ich niemanden dazu anhalten, am Ende jedes gelebten Tages darüber zu meditieren, dass unser Leben schon wieder um einen Tag kürzer geworden ist. Aber das als Tatsache wahrzunehmen, fände ich in gewissen Abständen sehr hilfreich.

Vielleicht mit dieser Fragestellung: Ist ein Tag abgehakt oder habe ich ihn gelebt? »Das habe ich abgehakt!« oder »Den kannst du wirklich abhaken!« sind verbale Offenbarungen einer sehr fragwürdigen Einstellung zum Umgang mit Zeit, Aufgaben, Mitmenschen und im Grunde mit mir selbst. »Abgehakte Tage« umfassen die gleiche Zeitspanne wie die »gelebten Tage« und lassen uns doch ganz anders zurück. Achtsam auf Lebenszeit zu schauen, sorgsam mit möglichst vielen Lebenstagen umzugehen, macht den Prozess von Vergehen und Loslassen selbstverständlicher und gibt dem Heute, dem Jetzt, eine andere Qualität.

Mir begegnet stattdessen häufig entweder überzogene Dramatik in dem Stil: »Was kann ich denn noch vom

Leben erwarten, alt wie ich bin!« oder eine Ignoranz, als stünde uns unbegrenzt Lebenszeit zur Verfügung!

Abgehakte Tage, wenn sie denn schließlich als solche wahrgenommen werden, erhöhen auch zwangsläufig den Druck auf den morgigen Tag, denn er muss schließlich besser werden, muss das an Qualität nachliefern, was mir der heutige schuldig geblieben zu sein scheint.

Zwar ist der Verlust eines geliebten Menschen nur mittelbar einem zu Ende gegangenen Lebenstag vergleichbar. Aber wenn ich mich darum bemühe, einen jeden Lebenstag nicht als Selbstverständlichkeit hinzunehmen, sondern ihn mit seiner Zeit als meinen Partner zu verstehen, dann werde ich ihn anders wertschätzen, anders leben und – weil er spätestens um Mitternacht zu Ende geht – auch anders verabschieden. Sinnsprüche wie »Gib jedem Tag die Chance, der schönste deines Lebens zu werden!«, die sich Menschen als Postkartengrüße schicken, deuten genau in diese Richtung.

Aber nicht nur diese Alltagserfahrung könnte ein wirklich dickes Loch in das »Trauerbrett« bohren, sondern auch der Gedanke, dass es unter anderem der Tod ist, der uns Menschen verbindet, weil er zu jedem von uns gehört. Nichts belegt das deutlicher als ein Blick in die täglichen Nachrichten. Sie sind voll von Bildern und Worten, die uns den nahen und fernen Verlust nach Hause liefern. Leider ist es dabei häufig so: Je weiter weg von uns sich das Sterben ereignet, umso spektakulärer muss es aufbereitet und präsentiert werden, damit es den Weg in unsere Wahrnehmung findet. Aber egal, ob spektakulär oder nicht, hinter jeder Todesnachricht stehen mindestens ein Mensch und dessen Angehörige. Und was wir betrachten und vorgeführt bekommen, ist nicht Teil einer fremden Welt, von der die Medien uns berichten, weil es ihre Informationspflicht ist. Selbst wenn wir wegzappen, so sind Verlust und Trauer feste Bestandteile unserer Lebenswelt und eine Erfahrung, die wir mit allen Menschen teilen.

Dabei sind Verlust und Trauer nicht beschränkt auf den Tod und seine Folgen. Nichts führt das deutlicher vor Augen als eine Wirtschaftskrise. Die Verluste, die da vermeldet, realisiert, gebucht und ausgebucht werden, haben Dimensionen erreicht, die selbst ausgewiesene Finanzfachleute zu einer Art monetärer Orakeldeuter macht.

Aus meiner Perspektive wundert mich dabei Folgendes: Auf einmal sind Verluste selbstverständlich? Warum wird nie von der Trauer darüber berichtet? Gibt es sie tatsächlich nicht oder wird darüber nicht informiert, weil das vielleicht negativen Einfluss auf die Kreditwürdigkeit eines Unternehmens oder seiner Führung haben könnte? Passt Trauer nicht in den Markt?

Überall wird von Rückbesinnung auf Werte gesprochen, ethische Führungskompetenz angemahnt, doch von Trauer scheinbar keine Spur.

Über einen Unternehmensberater machte ich im Jahr 2008 – die Rezession hatte zu diesem Zeitpunkt Deutschland schon erreicht und schlug sich in »blutroten« Quartalsberichten und nicht mehr abgegebenen Prognosen für das kommende Geschäftsjahr nieder – einem großen börsennotierten Unternehmen ein Seminarangebot zu dem Thema »Verluste verarbeiten – Perspektive gewinnen«.

Ohne meinen Mittelsmann wäre mein Angebot vermutlich direkt im Spam-Ordner des zuständigen Sekretariats gelandet, doch nach der entsprechenden Prüfung verzichtete man dennoch auf ein solches Seminar mit der Begründung, es gebe zwar Bedarf dafür, allerdings wolle man solche »weichen Themen« wie Trauer nicht zu früh und unvorbereitet positionieren.

Die Krise der Jahre 2008/09 scheint also nicht tief genug zu gehen, um der Thematik Trauer in einem Unternehmen, das Verluste erleidet, Aufmerksamkeit zu schenken. Ich kann nur spekulieren, wann denn dann der geeignete Zeitpunkt für das Seminar wäre – wenn die Renditen wieder stimmen?

Ich bin mir sicher, dass die Antwort von jedem anderen Unternehmen dieser Größenordnung ähnlich bis identisch ausgefallen wäre. Und wenn ich sie richtig lese, dann ist selbst angesichts weltweiter Milliardenverluste kein Raum, um einer neuen gesamtgesellschaftlichen Trauerkultur zumindest eine Chance zu geben.

Ich vermute ganz stark, dass der eigentliche Hinderungsgrund aber ein ganz anderer ist. Sich mit Themen wie Verlust, Integration von Lebenswunden und Trauer aktiv zu beschäftigen, das würde eine Seite an Manager- und Unternehmerpersönlichkeiten hervorheben, die sich verbindlich in einem anderen Führungsstil niederschlagen müsste: Eine Abkehr vom »Herrschen« und »Regieren«, hin zu einem dienenden Führungsstil wäre die Folge.

Was aber erleben wir? Die inszenierte, weil von Kontrollgremien und Geldgebern geforderte Makellosigkeit führt nicht selten zu einer Reduzierung der Verantwortlichen auf unangreifbare und erfolgreiche Strahlemänner. Zwar hat in Wirklichkeit niemand permanenten Erfolg, aber der Schein muss gewahrt werden. Fast wie im Märchen »Des Kaisers neue Kleider«, in dem es dem Kaiser gelingt, seine Nacktheit zumindest eine Zeit lang als Prachtgewand »zu verkaufen«.

Dort, wo stattdessen aber eine dienende Führung »herrscht«, soll es ein anderes Empfinden geben, werden Verluste nicht nur »gebucht«, sondern wirklich betrauert und gelebt.

In diesen Firmen, die auf Unternehmens- und Existenzgründerforen als die Lichtgestalten der Unternehmensethik vorgestellt werden, gibt es beispielsweise eine öffentliche Ethikcharta im Netz. Das erhöht u.a. das Vertrauen der Mitarbeiter in die Führung, können sie doch darauf hoffen, dass man sich an für jeden einsehbare Regeln eher halten wird. In diesen geht es zwar kaum direkt um Trauer – aber es geht um Vertrauen und um den wertschätzenden Umgang mit Menschen und deren Gefühlen, zu denen die Trauer gehört.

Vielleicht werden in einem solchen Unternehmen andere Lösungswege für Mitarbeiter gesucht, die ansonsten wohl nur den Verlust ihres Arbeitsplatzes zu betrauern hätten. Und es gibt keine Diskussion über die Richtigkeit von Bonuszahlungen, da Verzicht auf etwas, was vielleicht rechtmäßig, dennoch aber vertrauensschädigend ist, selbstverständliche Praxis ist?

In einem Unternehmen, in dem Verluste in dieser Form wahrgenommen, angenommen und nachvollziehbar integriert werden, würde es gleichzeitig leichter fallen, Verzichte von Mitarbeiterinnen und Mitarbeitern zu erbitten (nicht zu fordern).

Verluste dagegen, solange es geht, möglichst zu vertuschen, Schuld dafür grundsätzlich bei anderen zu suchen, der Trauer keinerlei Raum in einem Unternehmen zu geben, das bedeutet emotionale »bad banks« zu schaffen, für deren langfristige Wirkung niemand Verantwortung übernehmen möchte. Wirtschaftliche Verluste tatsächlich zu betrauern, böte die Chance, ihnen die Zeit und die Energie zu lassen, die sie brauchen, um auch ihre heilsamen Kräfte zu offenbaren. Natürlich ist es wichtig, schnell aus einer Krise herauszukommen, aber es geht doch sicher auch darum, eine Wiederholung gemachter

Fehler zu vermeiden: Ein In-sich-Gehen, auch dem Thema der persönlichen Schuld und des persönlichen Versagens nachzugehen, die Auswirkungen des Handelns nicht einfach durch neue Aktionen glattbügeln zu wollen, wäre menschlicher und würde in meinen Augen helfen, bescheidenere, aber gleichzeitig nachhaltigere Zukunftsentscheidungen zu treffen.

Wie könnte das gehen?

Vielleicht letztlich ziemlich simpel, indem die Führungsmannschaft eines Unternehmens an einem »Trauerseminar« teilnähme, das mit unternehmerischen Verlusten vordergründig gar nichts zu tun hätte. Fragen wie »Wie haben Sie um Ihre Eltern getrauert, als diese starben?«, »Wie ist es Ihnen gegangen, als Ihre Partnerin/Ihr Partner Sie verlassen hat?«, »Was möchten Sie auf jeden Fall behalten?« sollten beantwortet werden. Raum geben, der eigenen Emotion oder auch Emotionslosigkeit nachzuspüren, Versäumtes unter Umständen zumindest ansatzweise nachzuholen, wäre das Ziel. Denn: Wer bereit ist, über seine persönliche Trauerstrategie nachzudenken und sie unter Umständen auch hinterfragen zu lassen, wird sehr schnell spüren, dass dieselben emotionalen Gesetzmäßigkeiten in allen Bereichen des Lebens gelten. Und da ich davon überzeugt bin, dass ein offensiver und kreativer Umgang mit Trauer heilsam und lebensfördernd ist, bin ich mir sicher, dass bereits ein solches Seminar auf den Führungsstil und das Gespür, was in einem Unternehmen neben der Gewinnmaximierung tatsächlich einen Wert hat, Auswirkungen haben kann.

Wer einen Menschen verloren hat, erlebt in seiner Trauer, dass es Zeit braucht, um sich von dem Vertrauten und Geliebten zu verabschieden. Er erlebt, dass in dieser Trauerzeit viele Facetten der verstorbenen Person noch-

mals aufleuchten, gewürdigt und verabschiedet werden
wollen – nicht nur die, die man ein paar Tage nach seinem
Tod in Erinnerung hat. Erst wenn durch die Trauer vieles
an seinen richtigen inneren Ort gestellt worden ist, sind
Offenheit, Bereitschaft und Freude da, das eigene Leben
neu anzupacken.

Ich bin davon überzeugt, dass wir Trauer auf allen
gesellschaftlichen und ökonomischen Ebenen nicht nur
zulassen, sondern kultivieren müssen. Denn wo Trauer
ausgeblendet wird, wo man sich ihrer schämt, wo sie zwischen den harten Fakten des Business als ein zu weiches
Thema angesehen wird, da nehmen wir uns selbst sehr
viele Chancen.

Schnell muss es gehen, Vorzeigbares muss her. Die
Trauer dagegen lehrt Entschleunigung, lehrt Achtsamkeit,
lehrt, dass sich Lösungs- und Heilungswege erschließen,
wenn man sie aushält und als wertvollen, wenn auch
schmerzhaften Teil des Geschehens wertschätzt.

Auch im Hinblick auf die Thematik »Unternehmens-
nachfolge«, insbesondere in sogenannten Familienunter-
nehmen, glaube ich, dass Trauerarbeit und -begleitung
wertvolle Hilfestellungen geben können.

Wenn ein Unternehmen nach vielen Jahren, die ja
nicht nur Arbeits-, sondern gleichermaßen Lebensjahre
sind, von einer Generation in die Hände der nächsten
übergeben wird, dann ist mit keinem noch so justiziab-
len Vertrag wirklich alles geregelt. Die ausscheidende Generation wird zwar auch Erleichterung spüren, dass die
Verantwortung nicht mehr auf ihren Schultern lastet,
aber sie wird vermutlich noch mehr Trauer über den Verlust »ihres Firmenkindes«, ihrer Position und ihres Ein-
flusses empfinden. Oft beginnt die Trauer darüber schon
deutlich vor der tatsächlichen Übergabe. Man/frau weiß,

dass der bewusste Zeitpunkt immer näher kommt und beobachtet die Arbeit der Nachfolger viel kritischer als zuvor. Man will sich und anderen die eigene Unersetzlichkeit beweisen und wird gleichzeitig immer empfindlicher bei Nachfrage oder Kritik. Die Nachfolger spüren das ebenfalls. Ihre Reaktion ist häufig von Ärger bis hin zu Verbitterung geprägt, die aber weder im Unternehmen, noch in der direkten Begegnung mit dem Vorgänger geäußert werden können. Andererseits werden – menschlich verständlich, aber im Hinblick auf die Firmenzukunft häufig wenig sinnvoll – placeboartige Fortbeschäftigungsmöglichkeiten für den Ausscheidenden gesucht. Aufschlussreich sind hierfür häufig Pressemitteilungen, in denen überraschende Tätigkeitsfelder genannt werden, auf die sich der nun aus dem Unternehmen gehende Seniorchef »freut«.

Wird stattdessen ein solcher Übergabeprozess rechtzeitig nicht nur als juristische Herausforderung, sondern auch als Trauerarbeit verstanden und in dieser Weise begleitet, ist noch mehr Personen als nur den Beteiligten geholfen. Energien und Gefühle, die bei einem solchen Prozess von den unmittelbar Betroffenen erlebt, aber auch reflektiert und unter Umständen in einem sinnvollen Ritual verarbeitet werden, blockieren zukünftig nicht: weder die scheidende, noch die nachfolgende Generation. Und, vielleicht am wichtigsten: Sie blockieren auch nicht die Mitarbeiterinnen und Mitarbeiter, die bei einem guten Wechsel leichter ihre Loyalität auf die Nachfolger übertragen, als wenn sie eine Art Generationenkampf miterleben müssen, der zwangsläufig zu innerbetrieblichen Spaltungen führen wird.

Es ist meine tiefe Überzeugung: Einer Kultur, die – auf welcher Ebene auch immer – Trauer als Lehrer ausschließt, fehlt nicht nur eine verzichtbare Zugabe. Sie verzichtet auf eine Haltung, auf ein Gefühl und eine Erfahrung, die jeder Einzelne, aber auch die Gemeinschaft braucht, damit Krisen wirklich zu Chancen werden können, aus denen man gestärkt herauskommt.

Und ist es nicht genau das, was uns derzeit immer als Licht am Ende des Rezessionstunnels vorgestellt wird?

Tatsächlich bedeutet die Vermeidung von bewusster Auseinandersetzung mit Verlusterfahrungen und die Verdrängung von Trauergefühlen also mehr als ein kulturelles Defizit. Ich glaube, dass demjenigen, der nicht trauert, eine wichtige Erfahrung fehlt, um sein Leben ganzheitlich leben zu können.

Unser Leben wird dadurch erst reich und menschlich, dass wir immer wieder den Spannungsbogen von »Bekommen« und »Verlieren« wahrnehmen. Wer immer nur bekommt, immer nur gewinnt, der kann trotzdem ein verarmter Mensch sein, denn er wird auf Dauer kaum schätzen können, was er schon hat.

Das Märchen »Der Fischer und seine Frau« illustriert dies sehr schön, finde ich. Ausgestattet mit der Ahnung, dass aus einem sprechenden Butt, dem ihr Mann das Leben geschenkt hat, etwas »herauszuholen« sein muss, schickt die Fischersfrau ihren Gatten immer wieder zu dem Fisch, damit der ihre immer größer werdenden Wünsche erfüllt. So schafft sie es bis zur Päpstin. Als ihre Gier nach Aufstieg jedoch in dem Wunsch gipfelt, wie Gott zu sein, lässt sie der Butt wieder in der stinkenden Höhle landen, in der das Paar ursprünglich wohnte.

Was will uns dieses Märchen sagen? Ein »immer mehr« ist für den Menschen eine auf Dauer zerstörerische Haltung, wenngleich die Sehnsucht danach wohl in jedem angelegt ist.

Viel menschlicher ist da die Erfahrung von Gewinn UND Verlust zu gleichen Teilen. Und ein bewusster Umgang auch mit dem »weniger Werden«, mit Verlusten und dem Scheitern, das ist Trauer. Dabei öffnet der Trauerschmerz unsere Augen dafür, was wirklich wesentlich für unser Leben war und ist. In der Trauer schauen wir zurück auf die Erfahrungen, die wir mit jemandem oder auch mit etwas haben machen dürfen. Wir betrauern den Verlust und bergen gleichzeitig den Schatz der Erfahrungen, die wir auch in unserem zukünftigen Leben nicht missen möchten – oder aber umgekehrt: die wir nach Möglichkeit nicht mehr machen wollen. So werden wir achtsamer im Umgang mit dem, was uns in der Zukunft neu anvertraut wird.

So auch mit unserer Erde. Die Probleme, deren Lösung unaufschiebbar anstehen, sind global. Vordergründig haben Themen wie Klimawandel, Rohstoffverknappung und Wassermangel zwar mit Trauer nichts zu tun – doch gehen sie ebenso wie der Tod jeden an, auch wenn die Lebenserwartung auf den verschiedenen Kontinenten sehr unterschiedlich ausfällt.

Frühere Generationen pflegten einen selbstverständlicheren Umgang mit den Themen Sterblichkeit, Verlust und Trauer. Franz aus Assisi nennt den Tod in dem Lied »Sonnengesang« seinen Bruder, Gevatter Tod hieß er lange im Volksmund und die sogenannten Totentänze halten immer wieder ein und dieselbe Wahrheit fest: Am Ende macht der Tod alle gleich – vom Kaiser bis zum Bettelmann, vom Bundespräsidenten und Großindustriellen bis zum Obdachlosen.

Mein Vater hat mich, wenn ich ihn in Entscheidungssituationen nach seinem Rat fragte, immer mit folgendem lateinischen Zitat verabschiedet: »Quidquid agis prudenter agas et respice finem.« Heißt übersetzt: »Was auch immer du tust, handle klug und bedenke die Folgen!« Man kann das Satzende auch so übersetzen: »und bedenke das Ende!« Natürlich geht es immer konkret darum, zu bedenken, was das Ergebnis meines Tuns ist. Doch ich finde die Perspektive, bei allem Tun, bei wirklich wichtigen Entscheidungen auch das Lebensende im Blick zu haben, angemessen.

Wer das grundsätzlich übersieht oder übersehen möchte, der lebt nicht nur mit Scheuklappen, der lebt sehr häufig auch über das gute Maß hinaus.

Provokant verdichtet: Ist es wirklich ein Gewinn, wenn wir unserer Lebenserwartung ein paar Monate, bestenfalls Jahre hinzufügen können, dies aber nur dadurch möglich ist, dass in einem anderen Teil der Welt Mitmenschen weiterhin unter unzumutbaren Bedingungen ihr Leben fristen müssen? Und ist ein solcher Kampf, der das Ziel hat, Tod und Trauer für uns hinauszuzögern, in Ordnung, wenn er künftigen Generationen die Welt als Müllhalde unseres Egoismus zurücklässt?

Ein bewussteres Leben mit dem Wissen und der Erfahrung von Verlust, Endlichkeit und Trauer könnte uns zu solidarischeren und respektvolleren Menschen machen.

Mir ist selbstverständlich klar, dass wir nicht bei jeder entsprechenden Nachricht in Tränen ausbrechen können und dies auch gar nicht dienlich wäre. Aber die Bilder und Worte, die uns die Medien Tag für Tag präsentieren, ein wenig anders auf uns wirken zu lassen, mit nur einem einzigen guten Gedanken täglich an all die Menschen zu denken, von deren Trauer wir an diesem Tag mehr oder weniger bewusst erfahren haben, würde – davon bin ich überzeugt – Solidarität stärken und auch eigene Ängste reduzieren. Hinter 70 Toten bei einem Selbstmordanschlag in Bagdad steht nicht nur ein fanatischer Attentäter. Dahinter stehen 70 Familien, in denen ein Mensch fehlt, der geliebt worden ist und den man gerne noch viele Jahre bei sich gehabt hätte.

Was hindert uns daran, auf die verwitwete Frau aus der Nachbarschaft zuzugehen, sie bewusst zu fragen, wie es ihr geht und ob wir ihr Hilfe anbieten können? Wenn es die Angst ist, dadurch mit dem eigenen Sterben in Berührung zu kommen (und das ist sehr häufig der unbewusste Hinderungsgrund), dann haben wir noch ein ganzes Stück Entwicklung vor uns.

Was kann uns denn schlimmstenfalls passieren? Dass uns die Tränen der Frau verunsichern, wir mit unserem guten Rat nicht weiterkommen? Ja, und? Ihre Trauer kostet uns definitiv nicht das Leben, aber ihre Trauer nicht wahrnehmen zu wollen, fügt ihm keinen Sekundenbruchteil hinzu!

Während die Berichterstattung über Verluste etwas Selbstverständliches ist, ist die öffentliche Berichterstattung über Mitgefühl, gar Mittrauer, eher die Ausnahme. Eine dieser Ausnahmen hat mir vor einiger Zeit Mut gemacht, mich weiter und vielleicht sogar noch engagierter für eine höhere Wertschätzung des Schmerzes und seiner Verarbeitung in unserer Gesellschaft einzusetzen: Bei der öffentlichen Trauer- und Erinnerungsfeier für die Opfer des Amoklaufes von Winnenden kämpfte Bundespräsident Horst Köhler bei seiner Rede mit den Tränen, öffentlich und medial verbreitet. Dass der Tod von so vielen jungen Menschen ein Staatsoberhaupt zu Tränen rührt, zeigt, dass wir bei der Trauer alle in demselben Boot sitzen, aus dem keiner auszusteigen vermag.

Könnte nicht die Erkenntnis, dass Trauer etwas Universelles und Wertvolles ist, eine neue »globale« Trauerkultur fördern, in der echte Achtsamkeit und Mitgefühl zu einem verantwortlicheren und solidarischeren Handeln führen würden?

Auf den (Schluss-)Punkt gebracht:

Wer das Trauern gelernt hat, der wird ein »Lebenskünstler« sein.

Von solchen Menschen können wir gar nicht genug haben!

Inhalt

ZABERT
SANDMANN

Petra Thorbrietz
Leben bis zum Schluss
Abschiednehmen und würdevolles Sterben –
eine persönliche Streitschrift
ISBN 978-3-89883-186-4
176 Seiten, 16,95 [D], 17,50 [A], 30,90 sFr

Maximilian Dorner
Mein Dämon ist ein Stubenhocker
Aus dem Tagebuch eines Behinderten
ISBN 978-3-89883-198-7
168 Seiten, 16,95 [D], 17,50 [A], 30,90 sFr

Hildegard Hamm-Brücher/Norbert Schreiber (Hg.)
»Demokratie, das sind wir alle«
Zeitzeugen berichten
ISBN 978-3-89883-231-1
232 Seiten, 19,95 [D], 20,60 [A], 35,90 sFr

Michael Bordt SJ
Was in Krisen zählt
Die Antworten eines Jesuiten auf die Fagen,
die wir uns jetzt stellen
ISBN 978-3-89883-243-4
80 Seiten, 7,95 [D], 8,20 [A], 14,90 sFr

Johannes Hebebrand/Claus Peter Simon
Irrtum Übergewicht
ISBN 978-3-89883-219-9
249 Seiten, 19,95 [D], 20,60 [A], 35,90 sFr

Susanne Becker
»Mein Traum von mir«
Hoffnungen im letzten Schuljahr – Chancen für danach
ISBN 978-3-89883-247-2
184 Seiten, 16,95 [D], 17,50 [A], 30,90 sFr